Bailando con Elefantes

Título original: DANCING WITH ELEPHANTS. MINDFULNESS TRAINING FOR THOSE LIVING WITH DEMENTIA, CHRONIC ILLNESS, OR AN AGING BRAIN
Traducido del inglés por Vicente Merlo
Diseño de portada: Editorial Sirio, S.A.
Diseño y maquetación de interior: Toñi F. Castellón

© de la edición original
Jarem Sawatsky
www.jaremsawatsky.com

Publicado inicialmente por Red Canoe Press,
www.redcanoepress.com
Derechos de traducción organizados a través de Sylvia Hayse Literary Agency, LLC, USA.

© de la presente edición
EDITORIAL SIRIO, S.A.
C/ Rosa de los Vientos, 64
Pol. Ind. El Viso
29006-Málaga
España

www.editorialsirio.com
sirio@editorialsirio.com

I.S.B.N.: 978-84-17399-99-3
Depósito Legal: MA-1185-2019

Impreso en Imagraf Impresores, S. A.
c/ Nabucco, 14 D - Pol. Alameda
29006 - Málaga

Impreso en España

Puedes seguirnos en Facebook, Twitter, YouTube e Instagram.

J A R E M   S A W A T S K Y

Bailando con Elefantes

Entrenamiento en mindfulness
para quienes viven con
una enfermedad crónica,
demencia o un cerebro
que envejece

EDITORIAL SIRIO

Para Rhona, Koila y Sara:
espero que al aprender el arte de bailar con
elefantes aprendáis también cómo amaros más
plenamente. Vosotras sois mi alegría.

Índice

HACIENDO FRENTE A LOS ELEFANTES

Querido amigo que bailas con un elefante:

Yo no sé nada acerca de elefantes, y tampoco sé sobre baile. Y a pesar de todo, este libro es un manual de entrenamiento y una carta de amor dirigida a los que, como tú, bailan con elefantes.

Hacer frente a los elefantes es algo que generalmente evitamos. La mayoría de nosotros tenemos elefantes escondidos en nuestros armarios, ocultos a simple vista. Son nuestros grandes temores no reconocidos.

¿Cuáles son tus elefantes? ¿A qué tienes miedo? ¿Quién te dio esos elefantes? ¿Cómo puedes aprender a amar a tus elefantes y a bailar con ellos?

En este libro, te guiaré en el arte de bailar con elefantes. Uno de mis grandes elefantes es la enfermedad de Huntington —¡antes llamada la enfermedad danzante*!—. Es una patología cerebral genética, incurable, progresiva, fatal. Una especie de combinación entre párkinson, alzhéimer y esquizofrenia. ¡Basta con que te imagines un elefante con esta combinación! Esa imagen hoy en día me hace reír. Pero no siempre me he reído.

En realidad nunca he conocido la vida sin que la enfermedad de Huntington estuviera acechando en la esquina. Al ser genética, se transmite de generación en generación. Es el lento descarrilamiento de una enfermedad que a veces dura hasta veinticinco años, desde que se manifiestan los primeros síntomas hasta la muerte. Antiguamente la gente diría: «Aléjate de esas familias, enloquecen conforme van envejeciendo y no es agradable». Cuando yo era niño, la generación de mi abuela tenía Huntington, así como también algunos de nuestros parientes lejanos. Varios de ellos fueron llevados a asilos porque no se sabía mucho de la enfermedad. Me dijeron que no me preocupara, porque seguro que se habría encontrado un remedio para cuando yo la desarrollase, si es que alguna vez sucedía. Durante mi adolescencia, le tocó el turno a mi madre (ella también la tenía), como a todos sus hermanos, excepto dos, uno de los cuales era adoptado. La enfermedad de Huntington

---

* *Dancing disease*. En el ámbito hispanohablante también fue conocida como «baile de san Vito» en referencia a las convulsiones y movimientos bruscos e involuntarios que caracterizan a esta enfermedad neurológica degenerativa. Según una de las versiones sobre el origen de la expresión, san Vito fue un mártir que sufría convulsiones y espasmos debido a que fue torturado en aceite hirviendo cuando solo era un niño.

parecía un brutal terremoto que lo dejaba todo en ruinas. Siendo adolescente, yo formé parte de esas ruinas. Cuando comencé la universidad, empecé a centrarme en los estudios sobre los conflictos y la paz. Me interesaba descubrir modos más constructivos de hacer frente a la injusticia, los daños, el miedo y la violencia. Afortunadamente, me enamoré de Rhona Hildebrand, una profesora de música de la escuela primaria. Antes de casarnos, tuvimos que mantener algunas conversaciones delicadas acerca de la enfermedad de Huntington —«Sí, puedes conocer a mi madre, pero ella no está bien y puede ser muy explosiva». «No, ya imagino que no me tratará como a una hija...»—. Le dije a Rhona que pensase seriamente si quería casarse con alguien perteneciente a una familia con Huntington. Esperé nerviosamente su respuesta. *A posteriori*, me di cuenta de que tenía dos cosas a mi favor: en primer lugar, ella había sido criada por personas que la enseñaron a amar más allá de los altibajos de la vida, y en segundo lugar, yo beso muy bien y Rhona quedó prendada. Así que nos casamos. Ella decía que teníamos que incluir en nuestros votos «en la enfermedad y en la salud». Y así lo hicimos. Después de un par de años de matrimonio, nos trasladamos a Virginia durante un año para que yo pudiese obtener un máster en Resolución de Conflictos. Durante ese año, nos quedamos embarazados de dos gemelas. Regresamos a Canadá, donde nacieron nuestras dos preciosas hijas, Sara y Koila. Impartí clases en dos universidades de Winnipeg. Enseñar encajaba perfectamente con mis anhelos, pero sabía que si quería seguir ejerciendo a nivel universitario, tendría que obtener el doctorado. De modo que me matriculé y conseguí una beca para la Universidad de Hull, en Inglaterra. Nos trasladamos allí cuando las niñas tenían tres años. En Inglaterra comencé mi investigación sobre comunidades en las que se practica la justicia restaurativa.* Viajé por todo el mundo, visitando la comunidad budista de Thich Nhat Hanh en Francia; Hollow Water, una comunidad indígena, en Canadá, y la Iona Community, una comunidad cristiana ubicada en Escocia. Todas ellas son ejemplos vivientes de comunidades de vida en las que las injusticias se abordan desde un enfoque conciliador y amoroso, en lugar de a través del castigo, el juicio y el miedo. Durante este tiempo, mi madre murió a causa de su enfermedad cuando tenía cincuenta y ocho años. Tuvimos que regresar en avión desde Inglaterra para pasar con ella los últimos días y asistir al funeral. Dos años después, terminé mis estudios y volví a ser contratado como profesor asociado en la Canadian Mennonite University. Publiqué dos libros —uno sobre la investigación de la justicia reparadora y la mediación para la paz,

---

* También conocida como justicia reparadora o justicia compasiva, es la respuesta ante la criminalidad que se centra en la resolución de los problemas derivados de un delito, de manera que las víctimas, los delincuentes y la comunidad se unen para solucionar los conflictos provocados, como el sufrimiento de la víctima, la responsabilidad del delincuente y los daños a la comunidad. Este tipo de justicia se utiliza en muchos países para delitos menores pero también tras el final de guerras y enfrentamientos violentos. (Fuente: confilegal.com).

obra que había escrito en Virginia; y el otro sobre las tres comunidades de justicia restaurativa que había estudiado mientras vivía en Inglaterra—. Mi carrera como profesor, investigador y escritor iba muy bien. Obtuve una beca estatal que me permitió seguir viajando por el mundo en busca de comunidades que aplicaran esta forma de justicia. Las niñas estaban en la escuela y Rhona había vuelto al trabajo a media jornada. La vida iba bien. Pero sabíamos que al haber tenido mi madre la enfermedad de Huntington, yo tenía un cincuenta por ciento de probabilidades de desarrollarla también. Eso significaba que había demasiados elefantes acechando en las esquinas. Tenía la posibilidad de hacerme un test sanguíneo de ADN para saber si había heredado el gen de la enfermedad. Mi madre podría haberse hecho el test una década antes de lo que lo hizo. Si bien la negación quizás le proporcionó cierta tranquilidad, hizo que nos fuera profundamente difícil apoyarla en su viaje. Yo quería trazar un camino diferente. Lo primero que hice fue solicitar un ascenso en el trabajo. En cuanto me lo concedieron, tanto mi hermano como yo nos hicimos el test. Yo di positivo. Él no. Desarrollaría la enfermedad. Mis hijas tenían ahora un cincuenta por ciento de probabilidades de sufrirla.

Para mí, la noticia fue impactante y al mismo tiempo poco sorprendente. Siempre había sentido que tendría la enfermedad. Esta intuición me sirvió de estímulo para disfrutar de la vida en el presente. Pero claro, no es lo mismo oír una voz interior que escuchar a un médico. La asesora genética tenía que asegurarse de que no iba a suicidarme al saber la noticia. Cuando preguntó qué íbamos a hacer al respecto, le dije: «Organizaremos una fiesta con los amigos para celebrar la nueva etapa de nuestro viaje». Me preguntó si estaba bromeando. Puedes leer lo referente a la fiesta en el capítulo cinco, «Celebrarlo todo».

El mismo día que supimos el diagnóstico, se lo dijimos a nuestras hijas y nos fuimos de vacaciones toda la familia, unos cuantos días, para procesarlo. Los médicos no pudieron decirme el momento aproximado en el que comenzaría su manifestación, pero empecé a visitar a un neurólogo cada ocho meses para una revisión. Cuatro años después, en 2014, comencé a tener síntomas. Cuando me tocó ver al neurólogo otra vez, recopilé una autovaloración, comparando cómo me encontraba en ese momento y el año anterior. Rhona añadió algunas cosas a la lista y la compartimos con el neurólogo y el trabajador social de la Asociación Enfermedad de Huntington.* He aquí algunos puntos importantes de esa lista.

Problemas de movimiento (cuerpo)
- Tobillos rígidos.
- Cada vez más dificultades para mecanografiar.

---

* En el original *Huntington Disease Society*. La mayoría de los países cuentan con sus propias asociaciones de apoyo.

- Movimiento involuntario de un pie y de uno de sus dedos.
- Movimiento de los dedos.
- Codazos involuntarios.
- Abundantes caídas.
- Disminución de la conciencia espacial (tropezar con las cosas).
- Hormigueo en la parte superior de la cabeza.
- Sensibilidad dolorosa a los ruidos fuertes.
- Zumbidos en los oídos.
- Ciertos problemas al tragar.
- Sacudidas en las piernas por la noche.
- Más días de baja laboral.

Problemas cognitivos (mente)

- Dificultades para pasar de una tarea a otra en el trabajo.
- Incapacidad de realizar diferentes actividades simultáneamente (multitarea).
- Muchas distracciones, incapacidad de concentrarme durante mucho tiempo.
- Dificultades para establecer prioridades.
- Cuando una idea se fija en mi mente, me es muy difícil deshacerme de ella.
- Sentido alterado del tiempo (me parece que transcurre muy lentamente, y soy más impaciente).
- Dificultades para recordar el siguiente paso en tareas breves y fáciles.

* Abrumado por los correos electrónicos, y la mayoría no los abro.
* Problemas a la hora de tomar decisiones.
* Dificultad en mantener una investigación compleja.
* Mayor lentitud en el funcionamiento mental.
* Pérdida de ambición (dificultad para motivarme o comenzar algo).
* Dificultades para recordar una lista corta de comestibles.
* Dificultad para recordar la palabra que busco.
* Tendencia a asumir trabajos que luego soy incapaz de terminar.
* Mente nublada.

Problemas psiquiátricos (emocionales y relacionales)

* Depresión.
* No parece que sienta miedo en situaciones en las que solía tenerlo (por ejemplo, las alturas).
* Difícil calmar la rabia.
* Aumento de la irritabilidad.
* Tendencia a evitar situaciones sociales.
* Me siento constantemente fracasado en el trabajo.
* Cada vez más cansado al anochecer y una mayor tendencia a quedarme en casa y no relacionarme con otros.

- Tendencia a preocuparme menos por los errores.
- Pérdida de espontaneidad (prefiero saber lo que va a venir).

Rhona y yo fuimos a ver al neurólogo y al trabajador social. Después de un buen rato de diálogo, el neurólogo nos dijo que era el momento de dejar el trabajo. Estábamos a principios de julio. Una vez más, nos fuimos de vacaciones —un viaje por carretera a través de Canadá— para procesar nuestra nueva situación, algo que hicimos muchas veces.

Aconsejados por los amigos, añadimos un perrito golden retriever, llamado *Kobi*, a nuestra familia. Sara y Koila tienen ahora quince años. Kobi tiene dos. Y yo estoy literalmente dando tropiezos en mi camino de aprendizaje sobre el amor, el dejarse llevar y el vivir en el momento presente.

Entiendo ahora la agonía, el dolor y la lucha que sobrevienen cuando todo tu mundo está patas arriba debido a la enfermedad y el envejecimiento. He visto cómo la enfermedad de Huntington ha atravesado tres generaciones de mi familia. Es posible que salte a la siguiente. Miro a los ojos de mis hijas con el pleno conocimiento de que hay un cincuenta por ciento de probabilidades de que se la haya transmitido. Cuando cumplan los dieciocho años, tendrán que plantearse si se hacen el test del ADN o no.

Es duro para todos nosotros. En muchos sentidos, he disfrutado de muchas ventajas en la vida. Pienso que la angustia, en sí misma, es tóxica. No quiero transmitir angustia, miedo o violencia a Sara, Koila o Rhona. De modo que he estado experimentando conmigo mismo para hallar una manera restaurativa de hacer frente a la enfermedad.

Llevo dos años haciéndolo. Voy a compartir mis resultados contigo. Para ayudarte a entender cómo estoy intentando vivir bien con la enfermedad, necesito antes compartir las historias y la sabiduría de algunas de las personas que más me han marcado en este viaje.

Cuando descubres que estás muriendo de una dolencia incurable, una especie de claridad emerge. Es la lucidez de distinguir entre lo que importa y lo que no importa. Teniendo cuatro títulos universitarios y habiendo experimentado tres generaciones de una enfermedad debilitante, tenía mucho que clarificar. Este libro es una crónica de lo que considero importante. Es mi hoja de referencia para hacer frente a la enfermedad y el envejecimiento de una manera constructiva.

Cuando tuve que «jubilarme» a los cuarenta y un años de mi trabajo como profesor universitario, poseía cientos de libros. Me desprendí de casi todos ellos. Salvé un puñado, aquellos que pensé que podrían serme útiles para aprender el arte de bailar con elefantes.

El autor que más libros tiene en mi pequeña biblioteca es el maestro budista zen Thich Nhat Hanh.

Aunque no lo cito mucho en estas páginas, Thay —como lo llaman sus discípulos— se halla en el corazón de esta obra. Él es el responsable de traer a Occidente un budismo comprometido. Fue nominado para el Premio Nobel de la Paz por Martin Luther King júnior. Tuve el privilegio de pasar algún tiempo en su comunidad, Plum Village, como parte de mi investigación sobre la justicia restaurativa. Ha escrito más de cien libros. Yo encuentro sus textos y sus discursos enormemente valiosos. Es inspirador, pero también muy concreto y práctico. Me he visto profundamente influido por el modo como Thay se centra en la práctica de la sabiduría en la vida cotidiana y en vivir esa sabiduría en una comunidad. En este libro, intento mantener ese foco: la sabiduría verdadera, vivida en el día a día, apoyado por una comunidad. El verano que estuve en Plum Village con mi familia, Thay enseñó las cinco formaciones en *mindfulness*. Cada una de las cinco partes de este libro refleja una de esas formaciones.

Cada sección incluye también una entrevista con un líder en el campo de la búsqueda de nuevas formas de enfrentar la enfermedad y el conflicto. Se trata de los siguientes:

Jon Kabat-Zinn, autor de diez libros sobre mindfulness, los traumas y la salud. Son muy conocidos sus cursos de formación en la reducción del estrés basada en mindfulness (MBSR, por sus siglas en inglés).

Más de dieciséis mil personas ya los han realizado. La MBSR está pensada para desarrollar la relajación y la autoconciencia serena, una base fiable para hacer frente a la «catástrofe total» provocada por el estrés, el dolor y la enfermedad –provocada, de hecho, por la vida misma–. En el capítulo seis, Jon Kabat-Zinn nos desafía a centrarnos en vivir el ahora, en lugar de quedar paralizados por la vida que no podemos vivir.

Patch Adams, que se hizo famoso por una película de éxito protagonizada por Robin Williams. Ha estado trabajando en la construcción de un modelo de hospital inspirado en una ecoaldea en la que conviven médicos y pacientes, y donde el médico y el conserje tienen el mismo salario. Patch calcula que ha estado presente en más de diez mil lechos de muerte. En mi entrevista con él, que transcribo en el capítulo once, habla sobre el morir bien y el vivir bien.

Lucy Kalanithi, que escribió el éxito de ventas *When Breath Becomes Air* [cuando la respiración se convierte en aire] con su marido Paul, cirujano de treinta y seis años, mientras este moría de cáncer de pulmón en fase IV con metástasis. Lucy, que también es doctora en medicina y profesora, habló conmigo acerca del amor verdadero frente a enfermedades como el cáncer.

John Paul Lederach, autor de más de veintidós libros sobre la resolución de conflictos, la construcción de la paz y la mediación. John Paul, que fue profesor mío, y yo comentamos cómo su vida profesional y su fe lo han ayudado y al mismo tiempo le han puesto en dificultades a la hora de apoyar a su esposa, Wendy, que tiene párkinson.

Toni Bernhard fue profesora de Derecho en la Universidad de California, en Davis, durante veintidós años, hasta que una enfermedad parecida a la fibromialgia la forzó a jubilarse. En el capítulo veintinueve, Toni y yo comentamos los tres libros que ella ha escrito desde entonces, entre ellos, *Cómo vivir bien con enfermedades y dolores crónicos*.

El resto del libro ofrece vislumbres de mi lucha, mis luces y mis sombras en el camino de sanación. No el tipo de sanación que elimina la enfermedad, sino la clase de sanación que despierta el corazón al amor. Llamo a esto bailar con elefantes porque bailar es un modo lúdico de relacionarnos con aquello que más tememos. Quienes me conocen bien saben que la jovialidad es una práctica fundamental para mí, como lo es el uso intencionado del humor. El sufrimiento es real y hay que hacerle frente, pero el sufrimiento solo no basta. Más allá del sufrimiento puede haber alegría —y también aún más sufrimiento—. Tenemos que aprender a bailar con ambos.

Nuestra cultura ofrece abundantes consejos sobre cómo lograr éxito económico y profesional, pero hay muy pocos libros acerca de cómo aceptar el camino descendente de perder tu mente. Tenemos consejos para líderes, pero apenas «consejos para el éxito» para los miles de millones de nosotros que hacemos frente a la enfermedad, la demencia y el envejecimiento. Este libro es para esos miles de millones. Juntos exploraremos el arte de bailar con elefantes. Te invito a unirte a mí en esta danza.

Reverenciar la vida

ACEPTAR LAS SITUACIONES DIFÍCILES

SOBRE EVITAR LAS SITUACIONES DIFÍCILES

¿Alguna vez te han cabreado las plegarias? A veces, a mí me cabrean. En mi adolescencia y mi primera juventud, trabajaba en turismo de aventura como guía de excursiones en canoa. A veces los participantes en estos viajes rezaban para que no lloviera. Incluso siendo adolescente, sabía que eso no tenía sentido. A veces les buscaba las cosquillas:

—¿Rezáis para que mueran los árboles y los animales? Ellos necesitan la lluvia.

—No —decían—. Lo único que no queremos es que nos llueva a nosotros.

—Oh, así que rezáis para que les llueva a los otros grupos que vienen conmigo este verano, pero no a vuestro grupo.

—No —respondían—. Dios puede hacer que llueva solo sobre los árboles y los animales.

Ya de adolescente me daba cuenta de que la gente recurre a la gimnasia mental (y a veces teológica) para poder justificar una visión del mundo según la cual las cosas difíciles o desagradables no deberían suceder.

SOBRE EL MODO EN QUE CABALGAMOS LA OLA

Este otoño volví al mismo paraje del Escudo Canadiense (el macizo del Labrador). Parecía como cerrar el círculo. En un cruce de caminos con mi yo más joven, recordé la sabiduría que solo podía recibir escuchando los latidos de la naturaleza salvaje. La tentación de aislarse de las situaciones difíciles sigue siendo frecuente y comprensible, pero todavía sigo sin querer huir de la tormenta. No deseo huir de las situaciones difíciles. La superación no consiste en evitar tormentas. Superación es el modo en que manejamos la situación. Conduciendo a solas por las praderas tras asistir al funeral de un joven, y pensando en mi propia enfermedad crónica y en la lluvia, escribí este poema:

Nadie quiere la lluvia

Todo el mundo quiere paisajes verdes.
Nadie quiere la lluvia.
Todo el mundo quiere comida en la mesa.
Nadie quiere la lluvia.

Todo el mundo quiere el colorido arcoíris.
Nadie quiere la lluvia.
Todo el mundo quiere agua en su cuerpo.
Nadie quiere la lluvia.

Fui a la pradera
que expande los horizontes
para preguntar por la lluvia.
Estuve en el borde del mundo
y vi llegar la lluvia por todas partes
y la pradera proclamó una visión.
Cada vez que se ofrecía el regalo de la lluvia
la gente huía atemorizada.
El miedo en el corazón corrompe la
oscuridad y la convierte en mal
perdiéndose el don de la vida oculto en la nube.
Que llueva, que llueva,
que llueva sobre mí.

Todo el mundo quiere paisajes verdes.
Nadie quiere la lluvia.
Todo el mundo quiere comida en la mesa.
Nadie quiere la lluvia.
Todo el mundo quiere el colorido arcoíris.
Nadie quiere la lluvia.
Todo el mundo quiere agua en su cuerpo.
Nadie quiere la lluvia.

Fui a la montaña,
dadora de sabiduría,
a preguntar por la lluvia.
Me arrodillé en las rocas
despiertas hace cincuenta billones de años
y las rocas me hablaron:
la lluvia nos da forma y nos moldea
y nos convierte en arena.
Estas rocas configuradas por la lluvia
alimentan la tierra mientras
su polvo se convierte en barro.
Las poderosas montañas son transformadas
por una minúscula gota de lluvia.
Que llueva, que llueva,
que llueva sobre mí.

Todo el mundo quiere paisajes verdes.
Nadie quiere la lluvia.
Todo el mundo quiere comida en la mesa.
Nadie quiere la lluvia.
Todo el mundo quiere el colorido arcoíris.
Nadie quiere la lluvia.
Todo el mundo quiere agua en su cuerpo.
Nadie quiere la lluvia.

Fui al océano,
el alfa y el omega,
para preguntar por la lluvia.

Me senté en su orilla
como un diminuto grano de arena.
Y el océano me preguntó:
¿dónde está mi comienzo y dónde mi final?
El borde del océano es difícil de hallar.
¿En la orilla? ¿En el cielo? ¿Dentro de mi cuerpo?
El final del océano es su propio comienzo.
Que llueva, que llueva,
que la lluvia caiga sobre mí.

No podemos aprender a reverenciar la vida si somos incapaces de acoger en nuestros corazones el hecho de que el sufrimiento existe. El arte de bailar con elefantes no consiste en la eliminación del sufrimiento. No queremos matar al elefante. Aprendemos a bailar con él. Todos los seres vivos sufren. Para reverenciar la vida, no podemos seguir en una actitud de negación; hemos de comprender que el sufrimiento y la muerte son inevitables. Esta verdad no es el final de la historia, pero constituye un punto de partida necesario en este viaje.

Una vez nos sentimos cómodos con la idea de que el sufrimiento existe, tenemos que aprender a soltar los miedos y sustituirlos por amor. Este es el tema central del capítulo siguiente.

SUSTITUIR EL MIEDO POR AMOR

El paso siguiente para aprender a bailar con elefantes es superar el miedo. El miedo se halla en la raíz de mucho sufrimiento innecesario. Superar el miedo disolverá parte del sufrimiento. El sufrimiento que permanece necesita la compañía del amor. El 27 de octubre de 2010, di positivo en el test genético para la enfermedad de Huntington. Esto significaba que desarrollaría la dolencia que había matado a mi madre y a varios miembros de mi familia. Entre otras cosas, esta enfermedad es una larga y lenta degeneración hacia la muerte. A lo largo de esta enfermedad, durante el curso de unos veinte años, he practicado la disciplina espiritual de aceptar que iría perdiendo todo lo que yo pensaba que me hacía «humano»: comer por mí mismo, andar, sentarme en reposo, el control de los músculos, hablar... Exactamente un mes después de dar positivo en el gen de Huntington, tenía que predicar en la pequeña comunidad eclesiástica cristiana en la que crecí. Me angustiaba pensando en lo que tenía que decir. Una de las prácticas que me proporcionaban alegría y libertad en ese momento consistía en una meditación que había aprendido en Plum Village. Bajo la perspectiva de que debería hablar desde mi experiencia (más que desde mi pensamiento), modifiqué una meditación sobre los *huesos*, para usar un lenguaje que comprendiesen mejor mis amigos cristianos. Ese domingo le hablé a la comunidad acerca de mi diagnóstico. Les dije que si hay un elefante en la habitación que no se va (como el Huntington), al menos podemos aprender a bailar con él. Y les enseñé la práctica que me estaba ayudando a hacerlo. Es una práctica que consiste en transformar el miedo en una danza gozosa llamada la Oración del Cadáver. No es una práctica fácil, pero parece dar buen fruto, tanto a mí como a otros. Así que te la ofrezco como una herramienta que puede ayudarte a empezar a danzar con tu propio elefante.

LA ORACIÓN DEL CADÁVER

Quiero que dediques un momento a imaginar los tres últimos minutos de tu vida. ¿Dónde estarás? ¿Qué estarás haciendo? ¿Quién más habrá allí? ¿Será repentino?

¿Estarás sufriendo? ¿Habrás estado sufriendo ya durante mucho tiempo? ¿Qué emociones y pensamientos experimentarás?

Imagina la escena como si estuvieras viéndola en una pantalla de televisión. Fíjate en las emociones que surgen en tu interior mientras observas. No te identifiques con esas emociones, limítate a reconocer que surgen dentro de ti. Si esas emociones son fundamentalmente miedo y ansiedad, debes saber que hay un asunto delicado que necesita tu atención cuidadosa. Practica amarte a ti mismo en el momento de tu muerte. Al imaginarte muriendo, intenta decir estas frases:

No temas.
Doy gracias a Dios, que creó buenas todas las cosas.
En Cristo, todo subsiste.
No tengo derecho a la vida sin la muerte.
Acepto la vida sagrada.
Acepto la muerte sagrada.
Acepto el crecimiento y el declive que se da entre ambas.

Sonríe en silencio...

Ahora imagina el momento en que entierran tu cuerpo. Piensa en ese momento en el que tu cuerpo retorna a la tierra, en el que el ataúd desciende y llega al final de su trayecto. Imagínate allí. Mira la película. Observa las emociones que surgen en tu interior. No te identifiques con esas emociones, pero reconócelas. Al imaginarte muerto y comenzando a descomponerte, intenta decir estas frases:

No temas.
Doy gracias a Dios, que creó buenas todas las cosas.
En Cristo, todo subsiste.
No tengo derecho a la vida sin la muerte.
Acepto la vida sagrada.
Acepto la muerte sagrada.
Acepto el crecimiento y el declive que se da entre ambas.

Sonríe en silencio...

Ahora imagínate dos años después de tu muerte, cuando tu cuerpo está descomponiéndose y los gusanos comen tu carne.

No temas.
Doy gracias a Dios, que creó buenas todas las cosas.
En Cristo, todo subsiste.
No tengo derecho a la vida sin la muerte.
Acepto la vida sagrada.
Acepto la muerte sagrada.
Acepto el crecimiento y el declive que se da entre ambas.

Sonríe en silencio...

Ahora imagina tu cuerpo ocho años después, cuando no quedan más que los huesos, o ve incluso más allá en el futuro y observa cómo hasta tus huesos se han convertido en polvo. Atiende a tus emociones.

Al visualizarte muerto y convirtiéndote en polvo, intenta decir estas frases:

No temas.
Doy gracias a Dios, que creó buenas todas las cosas.
En Cristo, todo subsiste.
No tengo derecho a la vida sin la muerte.
Acepto la vida sagrada.
Acepto la muerte sagrada.
Acepto el crecimiento y el declive que se da entre ambas.

Sonríe en silencio...

Para mí, esta práctica es liberadora, incluso divertida. Si al final todo es polvo, puedo soltar parte de mi miedo, mi ansiedad y mi ensimismamiento. Si al final todo es polvo, ahora es el momento de disfrutar, de jugar, de amar. Los frutos que nacen de esta clase de libertad son incontables.

TRANSMUTAR LA IRA DEL CONDUCTOR*

Desde luego, la vida sigue estando llena de luchas. Pero sustituir el miedo por amor nos ayuda a enfrentarnos a ellas. Déjame que te ofrezca una muestra de los frutos producidos por el hecho de vivir con menos

---

* *Road rage* en el original. Es una expresión cuya traducción literal sería 'la rabia o la furia de la carretera' y que se utiliza para hacer referencia al estado de agresividad que se da específicamente al volante.

miedo. El año pasado, un día iba conduciendo nuestro coche por el centro de la ciudad de Winnipeg, con mi mujer, Rhona. Desde detrás oímos un claxon a todo volumen. Segundos después me detuve en un semáforo en rojo y en el carril contiguo vi a un joven en una furgoneta grande y brillante, con un aparatoso sistema de suspensión. Lo miré. Estaba gritándome y mirándome fijamente. En el pasado, probablemente habría tenido miedo pero lo habría reprimido hasta que surgiese más tarde, dirigido a otra diana. Pero esa vez las cosas se desarrollaron de manera distinta. Le devolví la mirada fija. Y cuando adoptaba distintas poses, las copiaba. Vi que la ventanilla del copiloto estaba abierta, así que bajé la mía. Se me ocurrió que vendría bien oír lo que estaba diciendo. Pero antes de planear cualquier cosa o de tomar una decisión deliberada, me encontré diciéndole educadamente: «*Parlez-vous français?*». A mi derecha, vi cómo mi mujer fingía que era sorda y hacía como que leía un libro imaginario. A mi izquierda, estaba el joven en la gran furgoneta, lleno de rabia. Tras un silencio incómodo, dijo «no», y dio un gran suspiro. Eso rebajó la tensión y él se relajó y se echó hacia atrás. Yo hice lo mismo. Quien habló el lenguaje del amor (me refiero al francés) tuvo el poder de transmutar en humor el miedo y la agresividad al volante. Mi mujer dio por terminada su actuación y su miedo se convirtió en risa.

—¿Fingiste que no hablabas más que francés? —me preguntó.

—Sí —contesté, aunque en realidad sé muy poco francés.

Sé que probablemente esta no era la respuesta más sincera ni la más amorosa. Pero contestar de manera lúdica en lugar de con miedo transformó la situación. Cuando abandonas el miedo, comienza a surgir un nuevo panorama. Esta perspectiva es una pradera, con mucho espacio para explorar, jugar, reír y amar. Quizás la Oración del Cadáver puede ayudar a que te liberes. O si eso no funciona, intenta reír.

Puede resultar muy sanador cuando sustituimos el temor por el amor. El miedo hace que defendamos la vida a toda costa, como si fuera una posesión nuestra. El amor proporciona un camino para reverenciar la vida sin tratarla como una propiedad. Los que danzan con grandes elefantes tienen que aprender de nuevo a reverenciar la vida. Para ayudarnos a mantener la sacralidad de la vida tal y como es, necesitamos aprender el arte de saber ver.

4

SOLTAR

Solo cuando perdemos algo o se nos arrebata, nos damos cuenta de que nada está garantizado. Entonces, tenemos que afrontar lo que significa vivir sin aquellos privilegios que creíamos que nos pertenecían por derecho. Todo el que padece demencia, una enfermedad crónica o envejecimiento cerebral sabe a lo que me refiero.

Este poema, «Soltar», presenta algunas de las preguntas que me he estado haciendo a mí mismo. Lo escribí mientras todavía trabajaba pero ya sabía que vendría un período largo de discapacidad.

SOLTAR

¿Hasta dónde puedo soltar lo que creía garantizado?

¿Puedo soltar mi derecho a trabajar?

Al estatus.

A ser productivo.

A una vida digna.

A un trabajo remunerado.

A desarrollar mi vocación.

¿Puedo renunciar a mi derecho a controlar mi cuerpo?

A controlar el movimiento de mis miembros.

A controlar la vejiga y los intestinos.

A parecer «normal».

A comer de manera tranquila y limpia.

A una voz que sea respetada.

¿Puedo renunciar a mi derecho a la estabilidad emocional?

A controlar la rabia.

A una respuesta predecible.

A comprender mis propias respuestas.

¿Puedo renunciar a mi derecho a moverme
de manera independiente?

A conducir un coche.

A llevar una bicicleta.

A caminar largas distancias.

¿Puedo renunciar a mi derecho a ser aceptado por los otros?

A sonrisas de extraños.

A hacer el amor con la persona a quien amo.

A la gratitud de mis alumnos.

A que me pidan ayuda.

¿Puedo renunciar a mi derecho al tiempo?

A un futuro.

A tener nietos.

A estar en la boda de un hijo.

A la memoria.
Unos privilegios son más difíciles de soltar que otros
pero no son nuestros privilegios lo que nos hace humanos
sino esta vida tan frágil, regalo del Creador.
Al otro lado de mis privilegios perdidos
hay más alegría que tristeza.
¿Cómo consigo llegar hasta allí?

Quizás la poesía puede formar parte del arte de bailar con elefantes. Thich Nhat Hanh siempre ha animado a sus discípulos a escribir poemas. Cuando escribes un poema, el poema vive en ti.

Así pues, te reto a escribir poesía. Si no eres muy poético, sigue mi ejemplo y escribe mala poesía. No importa si consideras tu poesía buena o mala, lo único que importa es que proceda del corazón y te ayude a transitar el camino de la sanación.

Pregúntate: «¿Qué necesito soltar para aceptar la vida aquí y ahora?».

Escribe un poema para enseñarte a ti mismo a dejar ir los privilegios.

Luego, canta en la ducha. Canta mientras caminas. Pronuncia tus palabras entre lágrimas, con tus miedos, o riendo a carcajadas.

Tengo un reto más para ti. Comparte tu poesía. Libérate del miedo a lo que otros piensen. Compártela con tu círculo de amigos y anímate a compartirla en mi grupo de Facebook, *Elephant Dancers*. Al practicar nuestra poesía y el arte de soltar, podemos también alimentarnos con las aportaciones de otros. Así que ve a esta página: www.jaremsawatsky.com/facebook. Deja tu correo y te enviaré la invitación para que te unas al grupo. Luego, puedes subir poemas y reflexiones para que otros de los que bailan con elefantes puedan leerlos. Vamos. Te reto.

5

CELEBRARLO TODO

UNA CELEBRACIÓN PARA PERDER LA RAZÓN

La cultura occidental está más acostumbrada a celebrar los comienzos que los finales. Sabemos qué hacer con los nacimientos y las bodas, pero no lo hacemos tan bien con las muertes o los divorcios. Menos aún con lo que consideramos discapacidad. Cuando me dijeron que tenía el gen de Huntington y que desarrollaría la enfermedad, la asesora genética me preguntó qué pensaba hacer y dije que organizaríamos una gran fiesta. Al principio creyó que estaba bromeando. Pero no bromeaba. Este diagnóstico trajo grandes cambios a mi vida y la de mi familia, y necesitábamos marcar esa transición. Necesitábamos comer y reír juntos, recordar y celebrar como comunidad.

La enfermedad de Huntington provoca movimientos incontrolados constantes. Así que decidimos que qué mejor que bailar y agitar cocteleras para celebrarlo. En un principio, pensaba invitar a todos a que trajesen una comida o una bebida que normalmente se bata o agite —martini, gelatina, batidos—. Al final prescindimos de esa idea, pero comimos juntos *pizzas* hechas al fuego en casa, bebidas y muchos postres.

Si nos damos cuenta, en casi cualquier cultura podemos ver que los pasos hacia la reconciliación y el establecimiento de la paz a menudo se enmarcan en la práctica de comer juntos. En la mayoría de las culturas alrededor del mundo, sería impensable intentar hacer las paces sin celebrarlo comiendo en comunidad. Compartir las cosas que da la vida —como el alimento— es un modo sagrado de estar juntos. Para mí, era un tiempo de profunda comunión.

Sabiendo que la pérdida de la memoria es parte de la enfermedad de Huntington, decidimos empezar a crear libros de recuerdos —fotos e historias de dónde habíamos estado—. A la larga serían muy valiosos. De modo que como parte de nuestra fiesta, nos propusimos crear un álbum de fotos en el que también incluiríamos historias, correos electrónicos y recuerdos de amigos y familiares. Le pedimos a un fotógrafo profesional que viniera a grabar el evento. Aceptó hacerlo, pero ¡se negó a cobrar! Gente de distintas partes del mundo, así como amigos cercanos, compartieron los recuerdos que tenían de mí. Era como si sostuvieran un espejo que reflejase quién había sido. ¡Qué regalo!

Estamos rodeados de muchos amigos excelentes. Nuestra noticia resulto traumática para ellos. Muchos querían ayudar, pero no sabían cómo hacerlo. En aquel evento, algunos de ellos nos recordaron que deberíamos ser sus maestros a la hora de recorrer juntos ese camino. La gente quería ayudar, pero necesitaban que les mostrásemos cómo podían apoyarnos. Así que organizamos nuestra «fiesta de los que mueven (y agitan) el cotarro»* e invitamos a nuestros distintos círculos de amigos y colegas para celebrar «mi jubilación» de un modo que tuviera sentido para nosotros. Necesitábamos marcar ese evento, que era tanto un final como un comienzo, con la misma convicción con la que habíamos marcado acontecimientos anteriores de nuestra vida. Si la fiesta la hubiese planeado otra persona, quizás no se hubiera sentido bien por Rhona y por mí. Montamos un evento épico, una fiesta que fue una celebración profunda y sanadora para ayudarnos, a nosotros y a nuestra comunidad, a marcar mi transición hacia mi futura vida con la enfermedad de Huntington.

---

* *Movers and shakers* en el original. La traducción literal de la expresión *mover and shaker* sería 'el que mueve y agita', que se utiliza para referirse a una persona importante, influyente, que mueve los hilos..., lo que en castellano sería un «pez gordo», que es la traducción más habitual. El autor recurre a esta expresión como juego de palabras relacionado con los síntomas de su enfermedad. «Los que mueven el cotarro», expresión popular que también hace referencia a quienes mueven los hilos, es una opción de traducción libre adaptativa que trata de respetar tanto el tono del autor como el juego de palabras y su significado.

No queríamos nada trascendental. Pero después de la fiesta, una persona que había estado en ella habló de lo profunda que había sido la experiencia y lo increíble que resultó para ella compartirla con nuestra familia y nuestros círculos de amigos. De alguna manera, podía haber resultado un evento embarazoso. No teníamos un modelo que seguir. ¿Sería un momento de duelo?, ¿de celebración?, ¿de discursos aburridos? Nuestra fiesta resultó ser un momento de compasión —que literalmente significa «sufrir juntos»— y de celebración. ¡Se lo recomiendo a todo el mundo!

Para quienes bailan con elefantes, la celebración es un entrenamiento en conciencia plena. Celébralo todo. No sabemos qué ocurrirá mañana, pero siempre podemos encontrar una excusa para celebrar el día de hoy.

6

VIVIR LA VIDA QUE TIENES,

CON JON KABAT-ZINN

Desde nuestra perspectiva, más allá del diagnóstico que recibes o de lo que te suceda, en ti hay más cosas que funcionan que cosas que no, sin importar lo que te esté sucediendo, por grave que sea.

Fue como si alguien me hubiera golpeado en la cabeza y yo hubiera despertado. El hombre que habla sabe que tengo la enfermedad de Huntington. De hecho, lleva toda la vida trabajando con personas a quienes se les han diagnosticado enfermedades crónicas y terminales. En su propia Clínica de Reducción del Estrés, ha ayudado a miles de pacientes que están enfrentándose a un sufrimiento profundo. Siguió diciéndolo durante toda nuestra conversación: «Si todavía no estás muerto, mientras respires, desde nuestra perspectiva [gran sonrisa] hay más cosas en ti que están bien que cosas que están mal, más allá de lo mal que estés».

Al vivir con una discapacidad a largo plazo, en un estado crónico y terminal, tengo una lista enorme de especialistas a los que puedo llamar para que me ayuden a ver lo que funciona mal en mí: el neurólogo para problemas cerebrales, el psiquiatra para problemas mentales y emocionales, el patólogo del habla y el lenguaje para problemas en el habla, el nutricionista para problemas con la alimentación... La literatura médica acerca de mi estado divide este en fases, utilizando como baremo la incapacidad para hacer cosas. ¡Más pensamiento negativo, enfocado en los problemas! Aunque los expertos se llaman a sí mismos profesionales de la salud, me parece que se ven forzados a actuar como especialistas en la enfermedad y sus síntomas.

Pero Jon Kabat-Zinn señalaba hacia un modo diferente de verlo, un modo mucho más liberador.

ENFÓCATE EN LO QUE FUNCIONA

Jon creó un programa para la reducción del estrés basado en mindfulness (MBSR, por sus siglas en inglés), un programa de ocho semanas que se utiliza en cientos de hospitales de todo el mundo. Se han vendido millones de ejemplares de sus libros porque está dando en el clavo. Durante nuestra conversación, me explicó el objetivo de la MBSR:

Dejamos al resto del sistema sanitario que se ocupe de lo que «no funciona bien en ti» y nosotros ponemos la energía en lo que sí funciona, en forma de atención amable y cariñosa, y vemos qué ocurre. Y lo que ocurre es que el mero hecho de recibir esta invitación energiza tremendamente a la gente.

Jon ve con claridad que la medicina occidental tiene un papel, pero también es consciente de que el sistema sanitario a veces contribuye a la falta de salud y de que aquellos que se hallan en un estado realmente difícil y de larga duración a menudo caen entre las grietas y las fisuras del sistema.

Su trabajo consiste en animar a la gente a que viva una mejor vida, incluso si la curación no es posible. Si bien se inspira en enfoques budistas, él no es budista. El mindfulness, me dijo, es una manera de vivir: «Cuanto más cultivas esta presencia (atención o conciencia) centrada en el momento presente, no reactiva, que no juzga, abierta, más puede convertirse en tu modo por defecto».

Cuando me dicen que no hay curación para mi enfermedad, es fácil centrarse en el «¿por qué no?», en el «pobre de mí» o en el «no quiero morir». La reacción añade sufrimiento al sufrimiento. Busqué a Jon porque sabía que podría enseñarme cómo vivir bien hasta el final. Me dijo: «Todos nos encontramos en un estado terminal, llamado vivir. La pregunta es: ¿estamos vivos todavía?».

HAY UN MODO DE SENTIRTE EN CASA EN TU PROPIO CUERPO A PESAR DEL SUFRIMIENTO

El mensaje fundamental es muy esperanzador. Hay un modo de enfocar toda tu historia —la catástrofe total— que no solo resulta integrador y gozoso, en cierto modo, sino que también vuelve a poner la vida en tus manos de manera muy esperanzadora y optimista.

Jon sabe que su tarea consiste en liberar. Al trabajar con pacientes en estado crónico y terminal, primero se centra en liberarlos de sus propias historias y de las historias que han absorbido de otros, historias que les consumen la vida. Su enfoque está enraizado en la sabiduría cosechada mediante la observación de miles de individuos que han estado en este punto y han descubierto cómo recuperar sus vidas. Esto es esperanzador. Es la esperanza de saber que lo que necesitas está ya aquí; no es necesario que huyas a ningún otro lugar. Me gusta esta esperanza.

Durante nuestra conversación, me lanzó un reto:

—Sí, quizás tengas algunas deficiencias o pérdidas, y puede que empeoren en el futuro, pero cómo te relaciones con ellas en este momento puede marcar una gran diferencia a la hora de afrontar aquello que no puede cambiarse. Sabemos lo suficiente sobre la ciencia para darnos cuenta de que tus pensamientos, tus emociones y las historias que te cuentas sobre el futuro —sobre lo inadecuado que eres, o lo desesperanzadoras que son las cosas, o lo que sea–, todo eso afecta a tu biología. Tienes que aprender a *sentirte como en casa* en tu cuerpo, tu mente y tu corazón.

Yo repliqué:

–Quienes se sienten como en casa consigo mismos provocan mucho menos sufrimiento a quienes están a su alrededor y a aquellos que tratan de ayudarlos. El efecto dominó sigue su curso.

–Sí, así es –dijo, entusiasmándose–. No se trata solo de una pequeña reducción del estrés para llevar una vida más feliz, más sana. Cuando haces este tipo de trabajo interior, los efectos sociales son profundos, no solo en tu familia (aunque ellos son los primeros beneficiados) y no solo en tu lugar de trabajo, sino en todo el mundo, debido al modo como todo en el universo se halla interconectado.

RECUPERANDO EL MOMENTO PRESENTE

Para Jon, la clave para vivir de un modo sano es recuperar el momento presente. Estas son algunas de sus brillantes aportaciones:

Mientras respires, no importa el tiempo que vayas a vivir –y eso nadie lo sabe–, ¿puedes recuperar el momento presente? Hacerlo es tremendamente sanador, incluso en situaciones profundamente difíciles.

Somos todos seres finitos. Todos vamos a morir. Pero la verdadera pregunta es: antes de morir, ¿podemos vivir plenamente? Generalmente, morir no requiere esfuerzo. El verdadero reto es vivir.

Y ¿estoy viviendo la vida que se supone que he de estar viviendo o estoy viviendo una caricatura de esa vida? ¿Estoy tan distraído y tan preocupado por llegar a algún otro lugar que me estoy perdiendo la preciosidad y la singularidad del camino que me lleva hacia donde sea que crea que necesito ir para ser feliz?

Por mi condición de enfermo crónico, necesito tener cuidado para no quedar apresado en el pasado, añorando la vida que tenía. Necesito también tener cuidado para no quedar preso del futuro, llorando la vida que no tendré. Tanto el pasado como el futuro pueden ser tóxicos para nosotros. Cuando dejamos de intentar ir a otro lugar, vivimos plenamente cada momento. Una vez que empezamos a alimentarnos de presente, nuestra ansiedad por la vida que no podemos tener disminuye.

PERDER TUS SENTIDOS SIN PERDER QUIEN REALMENTE ERES

«Incluso si pones energía en lo que está bien en ti y eres compasivo contigo mismo, con el tiempo, en cierta manera, dejarás de ser –dijo Jon–. Porque al envejecer, perdemos nuestros sentidos, biológicamente. Pero no dejarás de ser quien realmente eres».

Sé que no se trata de meras palabras. El padre de Jon tuvo demencia durante diez años. Me ofreció más consejos:

«En cuanto a la progresión de déficits cognitivos, o a la pérdida de nuestros sentidos (el oído, el tacto, el gusto, un andar equilibrado o lo que sea), esas pérdidas pueden abrazarse en la práctica de la meditación —dijo—. En lugar de flagelarnos, podemos convertirlas en el mejor de los maestros».

Este es uno de los grandes regalos del mindfulness. Puedes utilizar aquello que temes como herramienta para sustituir el temor por amor. Sé que me ofrecía una poderosa medicina.

Desde que tenía dieciséis años, he meditado mirando mis manos en quietud, sabiendo que algún día podrían no mantenerse quietas, a causa de la enfermedad de Huntington. Meditaba hasta que aceptaba esa posibilidad. Meditar sobre mis manos me ha liberado de la expectativa de que mi vida no debería incluir la enfermedad de Huntington. Me ha enseñado a no aferrarme demasiado a mi profesión y a no identificarme excesivamente con ella, como fácilmente podría haber ocurrido. Me he ahorrado mucho sufrimiento gracias a la práctica de la meditación durante mi adolescencia.

Jon intentaba ahorrarme el sufrimiento por cosas por las que no tiene sentido sufrir. Eso era un acto de amor.

EL MINDFULNESS COMO UN ACTO DE AMOR RADICAL

Cuando nuestra conversación llegaba a su fin, Jon me miró. Quería asegurarse de que estaba captando la clave y el espíritu de su mensaje. Me ofreció entonces una balsa de compasión en la que emprender el viaje que tenía por delante:

«Cuando se ha dicho y hecho todo, el mindfulness no es más que un acto de amor radical —dijo—. Estar en ti mismo en el momento presente y ensartar algunos de esos momentos en una presencia abierta. Es un acto radical de salud y un reclamar tu humanidad en el único momento que realmente tenemos. ¡Y eso lo cambia todo!».

Si, a fin de cuentas, consiste en vivir con amor, creo que puedo hacerlo. Incluso con agujeros en mi cerebro, puedo amar. Incluso sin cura, puedo amar. ¿Necesito hablar para amar? ¿Realmente necesito que mi cuerpo se sostenga para poder amar? Hay muchas cosas que necesito soltar, y he intentado trabajar sobre ellas, pero el hecho de saber que en el centro de todo permanece el amor me resulta liberador y me conecta con todo el mundo.

Jon sabe que elegir hacer frente a la realidad y vivir de un modo sanador no es fácil.

«Se trata de una profunda elección existencial, que es en sí misma un acto de amor radical —manifestó—. Elegir no caer en la desesperación, cuando es una especie de modo por defecto, es difícil. De hecho, algunos no lo eligen. Y sin embargo es algo que toda persona puede hacer. No necesitas haber ido a la universidad ni ser profesor universitario, ni nada de eso. Cualquier persona está capacitada para despertar, siempre que tenga el apoyo y la motivación adecuados. Implica vivir nuestras vidas como si realmente importasen, y es que realmente importan».

Este tipo de compasión o mindfulness no tiene que ver con aprender las ideas o los conceptos adecuados. Tiene que ver con practicar la compasión diariamente, de manera permanente. Cualquier sentido que tengamos disponible —el oído, la vista, el tacto, el olfato o el gusto— podemos utilizarlo para despertar la presencia no reactiva, que no juzga, abierta de corazón, para amar. Todos los libros de Jon ofrecen maneras muy específicas de despertar el corazón de la compasión.

Grabé nuestra entrevista como parte de una serie de cinco partes, *A More Healing Way: Video Conversations on Disease* [Un camino más sanador: vídeo-conversaciones sobre la enfermedad]. En toda la conversación en vídeo, exploramos otros temas relacionados con el mindfulness, como el calentamiento global, el presidente Trump, las tradiciones indígenas y las experiencias vividas en grandes catátrofes. También se oye a Jon recitar dos de sus poemas favoritos. Para conseguir una copia gratis de la serie de vídeo, firma en mi Reader's Group y te la enviaré (en inglés): www.jaremsawatsky. com/more-healing.

FELICIDAD VERDADERA

7

DESPIERTA A LA BELLEZA DE VIVIR

Cuando mi querida amiga Kathy Barkman murió, su marido, Lyle, me pidió que impartiese alguna enseñanza en su funeral. Este capítulo, con algunos cambios menores, es la enseñanza que impartí en su funeral el 29 de marzo de 2016. Kathy murió de cáncer a los cincuenta y siete. Había vivido con esclerosis múltiple durante muchos años. A lo largo de todos los altibajos de su vida, Kathy mantuvo siempre una actitud profundamente alegre. Es un gran ejemplo de felicidad verdadera.

Cuando Lyle me lo pidió, me dijo que había una nueva canción de Steve Bell, artista (y amigo) ganador del premio Juno, que captaba totalmente la esencia de la belleza sencilla e impactante de Kathy. Me envió la letra y una demo de la canción. Puedes escuchar *Let Beauty Awake* [Que despierte la belleza] en esta web: www.soundcloud.com/steve_bell/let-beauty-awake.

Escuché la canción mientras contemplaba la vida y la muerte de nuestra querida hermana y amiga desde mi propia perspectiva, como alguien que padece la enfermedad de Huntington, que intenta vivir bien frente al rostro de la muerte segura. Después de escucharla varias veces, decidí que utilizaría el desarrollo de la canción para intentar articular lo que consideraba el regalo y el reto de la vida y la muerte de Kathy.

Ofrecí cuatro lecciones de cómo Kathy vivió el despertar a la belleza.

EL ARTE DE CONTEMPLAR LO SAGRADO

Para mí, la primera estrofa de la canción se refiere al arte de contemplar lo sagrado o, para decirlo de otro modo, el arte de la atención. Escucha:

¡Que despierte la belleza
en la mañana de sus hermosos sueños!
¡Que despierte de su descanso!
¡Que despierte la belleza
por amor a la belleza!
¡Cuando los pájaros despiertan en el zarzal
y las estrellas brillan en el oeste!
Que despierte la belleza de su descanso!

El poeta comienza con las experiencias cotidianas que todos compartimos: la mañana, el amanecer, los sueños, el descanso. Y nos reta a vestirlas con el despertar de la belleza. Todo el que se ha sentado tranquilamente a contemplar el primer beso del sol a la tierra por la mañana conoce la belleza de la que habla la canción. Pero la canción nos invita a ir más allá de ese momento espectacular, sobrecogedor. Porque más allá de lo espectacular se halla la belleza de lo mundano, es decir, la belleza de la vida cotidiana. Consiste en verla y responder a ella en cada momento del día, o al menos tan a menudo como podamos. Considero esto como el arte de contemplar lo sagrado.

¡Kathy era un genio a la hora de contemplar a otros! Veía en lo más profundo de ti, sus ojos establecían contacto con tu belleza y tu bondad sagradas. Tenía una atención serena, pero audaz. Todo el que se acercaba a ella, independientemente de su edad o su estatus social, podía sentir la cálida atención de su mirada. Ella sabía que su atención era como una regadera —aquello a lo que concedía su atención, crecería—. Y concedía su atención a los demás.

Yo creo que Kathy vivió despierta a la belleza porque reconocía y contemplaba la belleza de los demás. Elizabeth Barrett Browning decía: «La tierra está rebosante de cielo / y cada arbusto arde en el fuego de Dios; / pero solo el que lo ve se quita los zapatos» (fragmento de su novela *Aurora Leigh*).

Así era Kathy —era esa clase de mujer que se quita los zapatos—. Ella se sumergía en la profundidad y contemplaba la sacralidad de cada día. Conocía y practicaba el arte de contemplar.

EL ARTE DEL AMOR DINÁMICO

En la segunda estrofa de la canción, es como si el poeta comenzase de nuevo con la belleza de lo cotidiano y el arte de contemplar, pero a continuación sugiere que con eso no basta. Si quieres seguir el camino del despertar a la belleza, tienes que profundizar todavía más. Escucha:

Que despierte la belleza del letargo día,
¡que despierte en el atardecer carmesí!
¡Cuando llega el crepúsculo y las sombras ascienden,
que despierte con el beso de un tierno amigo
para entregarse de nuevo y recibir!
Que despierte la belleza en el atardecer.

Todo el que ha estado casado, al menos un año, sabe que la dinámica del dar y recibir amor es una cuestión complicada, en la que unas veces nos encontramos y otras veces nos perdemos. Esta clase de amor dinámico, que el poeta denomina entregar y recibir, está en constante cambio. Si queremos vivir el despertar a la belleza, tenemos que aprender el arte de amar en medio del cambio constante. Esto no es fácil. El arte del amor dinámico consiste en renovar constantemente nuestra manera de amar.

Kathy conocía el arte del amor dinámico. Ella y Lyle estuvieron casados durante mucho más de un año —su viaje fue un viaje hermoso, aunque complicado, de almas gemelas liberadas—. Kathy era un mujer sabia, no solo en cuestiones de sufrimiento y salud. Por eso, podía compartir mucho más que sus plegarias.

Si hubiese sido compositora, creo que podría haber escrito estas palabras que Leonard Cohen escribió en una época de enfermedad grave:

Si fuese tu voluntad
con voz verdadera
desde esta colina quebrada
cantaré para ti,
desde esta colina quebrada
resonarían todas tus alabanzas
si fuese tu voluntad permitirme cantar.

Kathy cantaba hermosamente desde su colina quebrada. A medida que el mundo cambiaba, ella seguía encontrando nuevas maneras de amar a aquellos de nosotros que tuvimos el gran regalo de compartir nuestra vida con esta adorable mujer.

EL ARTE DE CUIDAR EL JARDÍN
DE ESTA BENDITA CREACIÓN

Para mí, cada nueva estrofa de la canción comienza con una crítica implícita. Es como si el poeta estuviera diciendo: «Te gusta el arte de la contemplación y el arte del amor dinámico; bueno, pues no es suficiente». Si quieres vivir despierto a la belleza, tienes que profundizar más aún. No basta con ver profundamente y amar profundamente. El poeta nos avisa de que no podemos ser observadores de lo sagrado, limitándonos a observarlo y amarlo. En lugar de eso, nos llama a comprometernos con el mundo, aquí y ahora. Establecer contacto con la tierra como una creación bendita. Tocar la Tierra y el mundo como sagrados, santos, y luego transformar este suelo sagrado en la belleza de las flores. Escucha:

Mientras nosotros, jardineros de la bendita creación,
hacemos surcos en la tierra a instancias de nuestro creador
y enterramos las semillas de la muerte de nuestra propia vida,
y sufrimos la gloria de Dios para crecer.

Kathy no era una mera observadora de lo sagrado. Kathy era una jardinera de lo sagrado. Allí donde otros buscaban protagonismo, ella amaba a cada uno como cada uno lo necesitaba. Los amaba a todos, desde los más jóvenes hasta los más ancianos.

He terminado viendo la parábola del sembrador (Mateo 13: 3-9) como una historia sobre un jardinero derrochador que arroja semillas allí donde hay una posibilidad remota de éxito. ¿Qué clase de jardinero arroja las semillas sobre terreno rocoso o entre espinos?

Kathy era como este jardinero derrochador: plantar semillas de amor era más importante que tener éxito. Parte del modo en que vivió despierta a la belleza era buscar a quienes sufrían y simplemente estar entre ellos siendo una presencia amorosa. Había otras maneras en las que Kathy era una jardinera de lo sagrado: ayudaba a plantar y cultivar una panadería basada en el amor y la justicia (Tallgrass Prairie Bread Company es una panadería local, orgánica, que paga a sus granjeros y sus trabajadores por encima del salario medio. Kathy ayudó a levantar y mantener esta panadería. Por cierto, mis dos hijas gemelas trabajaron allí). Si bien Kathy no era una persona orgullosa, creo que uno de sus actos favoritos de creación en la jardinería era educar a sus hijos para que se convirtiesen en hombres de bien. Estamos hablando de técnicas de jardinería sagrada muy avanzadas —pero Kathy estaba enamorada de su familia—. Ben y Dan, vosotros sois la encarnación viviente del arte que tenía vuestra madre en la jardinería sagrada.

QUE LA BELLEZA DESPIERTE DE LA MUERTE

En esta última estrofa, me parece que el poeta intenta jugar con nosotros. Habiéndonos atrapado con la belleza del amanecer y del atardecer, habiéndonos enseñado el arte de contemplar, el arte del amor dinámico, el arte de cultivar el jardín de la bendita creación, el poeta desvela el regalo oculto en este viaje. Es como si hubiésemos escalado la montaña y ahora pudiésemos contemplar desde la cima el secreto de la vida. La gran revelación: que la belleza nos despierte de la muerte. Escucha:

Que la belleza despierte, por la mañana,
en el frío de la tumba.
Despierta belleza del sueño de la muerte;
Que la belleza despierte,
por el amor de Jesús,
en el momento en que los ángeles rompen su silencio
y el jardín brilla con Su Aliento.
Que la belleza despierte de la muerte

Lyle, Ben y Dan, este es el capítulo de Kathy que todavía estamos escribiendo. Kathy vivió su vida como un profundo ejemplo de belleza despierta. Pero, ahora, ¿qué pasa con su muerte?

Escuchando la canción una y otra vez, empecé a discutir con el poeta.

¿No es la muerte la interrupción del despertar a la belleza? ¿No es la muerte el ladrón que nos roba esa belleza? ¿No rogábamos que Dios salvara a Kathy y nos salvara a nosotros? Ahora, aquí, con Kathy en cuerpo presente, entre la aflicción de los amigos y la familia, ¿ahora quieres que hable de belleza? ¿De verdad? Al principio tenía celos del compositor. Termina su canción así: «Que la belleza despierte de la muerte», pero ofrece pocas claves para que entendamos lo que quiere decir. ¿Qué significan esas palabras en un día como hoy? La canción no ofrece nada. «Que la belleza despierte a partir de la muerte». La, la, la, hum, hum. Final súbito. Gracias, Steve.

A medida que la escuchaba, era como si el poeta me susurrara al oído:

¿No sabías que este viaje conduce a la muerte?
¿No sabías que para vivir despierto a la belleza tienes
que aceptar que también hay belleza en la muerte?

Luego, era como si el poeta murmurase en mi oído, casi burlándose:

Si no sabías que este viaje incluye la belleza de la
muerte, entonces vuelve al comienzo y mira de nuevo
con los ojos de la belleza que despierta de la muerte.
¿No te señalé el amanecer y el atardecer?
¿No te di este mininacimiento y muerte del sol
cada día en la extensa pantalla del cielo?
¿Y no presenté como hermosos tanto el
nacimiento como la muerte del sol?
¿No te ofrecí el hermoso nacimiento y la bella
muerte del sol para que cada día pudieras abrazar
la belleza de la vida y la belleza de la muerte?

¿No os hice jardineros de este suelo sagrado para
que cada vez que pusieseis vuestras manos en este
oscuro y turbio suelo pudierais practicar el contacto
con la muerte y saber que todo está bien?
¿No os dije que tocaseis el suelo de la bendita creación,
para que aprendieseis lo que todo jardinero sabe que es
cierto: que no hay vida ni belleza si no hay muerte?

Por eso, el capítulo que estamos escribiendo sobre Kathy es sobre la belleza de la muerte. El reto que creo que se nos plantea es: ¿cómo la manera en la que Kathy veía la belleza de la vida puede servirnos de guía para aceptar su muerte desde esa belleza? ¿Cómo podemos aplicar a su muerte su manera de ver la vida?

Mañana, cuando su cuerpo sea devuelto a la tierra, volverá a este suelo al que llamamos bendita creación. A menudo, mientras se deposita el cuerpo, alguien pronuncia las palabras del Génesis «Polvo eres y en polvo te convertirás». Recuerda, estas palabras no son una maldición. Son una bendición y un reto para el vivo. Fuisteis creados de la tierra y a la tierra tenéis que volver. Fuisteis creados del polvo y al polvo volveréis. Polvo sois y en polvo os convertiréis. Estas palabras nos invitan a vivir nuestras vidas aceptando nuestro carácter terrenal, no constituyen una maldición, sino una bendición: la bendición del despertar a la belleza. Así que desde el frío de la tumba de nuestra amiga y hermana, podemos decir con un profundo amor bondadoso: que la belleza despierte de la muerte.

Créditos de la canción

Let Beauty Awake.

Música de Steve Bell.

Letra de la primera y segunda estrofas: Robert Louis Stevenson.

Letra de la tercera y cuarta estrofas: Steve Bell.

Letra de la quinta estrofa: Tom Wrigth.

ACEPTAR QUE SOMOS POLVO

Es una especie de ansiedad profunda enraizada
en el miedo a decepcionar a los otros.

Esto le decía a Rhona mientras paseábamos a nuestro perrito, Kobi, por nuestro barrio. Intentaba comunicar por qué pasear al perro por nuestro barrio se había convertido en algo estresante y que me producía ansiedad. El estrés no era nuevo para mí, pero esa especie de ansiedad sí era nueva. Cuando paseo al perro, intento ir por un camino en el que no me tropiece con nadie conocido. ¡Algo muy difícil –y casi divertido– ya que he vivido en el barrio desde que tenía ocho años! Al pensar sobre esta ansiedad, me doy cuenta de que no se basa en un miedo a tener que hablar de la enfermedad de Huntington. Eso lo hago bastante abiertamente. Es más bien un miedo a decepcionar a los otros. Cuando era niño y adolescente, me gustaba agradar a la gente y sobresalir. A medida que la enfermedad avanza, me resulta más difícil lograrlo. Mi voz interior dice: «Ten cuidado. No harás más que decepcionarlos». Sé que tengo grandes amigos, y esto no va con ellos. No son más que ideas en mi mente.

Mientras me quejaba a Rhona de cómo dejo que esta ansiedad social cree un laberinto de barreras, algo nos interrumpió. Al otro lado de la calle un hombre gritaba y nos saludaba con la mano. No lo conocíamos de nada, así que nos quedamos totalmente en silencio. Entonces lo comprendimos. Desde el otro lado de la calle, nos bastaron unos segundos para «diagnosticarle» una etapa avanzada del Huntington. No nos estaba saludando, estaba bailando la danza de Huntington. (Si quieres tener una idea de cómo es esta danza, mira este vídeo y esta canción de dos minutos que encontré en la Red. Se llama la *Danza de Huntington*: www.youtube.com/watch?v=e50WiWgIbxg).

El hombre que vimos apenas podía hablar, difícilmente se sostenía de pie y nos estaba saludando agitado. Su perro se sentó a su lado. ¡Cuando la gente pasaba junto a él, los saludaba a todos, como si fueran amigos! Fuimos hacia él y le hablamos. De ese modo, confirmamos nuestro «diagnóstico» y supimos que se llamaba Rob. Le dijimos que yo también tengo la enfermedad. Fue extremadamente amable.

Más tarde, por la noche, Rhona me preguntó:

—¿Qué sacas de nuestro encuentro con Rob hoy?

—Yo me estaba quejando de la ansiedad social y él era amable con todo el que pasaba a su lado. Irónico —contesté.

Pensé para mis adentros que ese hombre tenía que ser mi maestro. Él sabía lo que era la compasión, la libertad, aceptar a los extraños, superar la ansiedad y amar a todo el mundo.

Pensé en la clase de sabiduría que estaba presente en el modo de ser de Rob y me pregunté cómo podía trascender mi ansiedad para participar de esa sabiduría. Recordé un ejercicio que había hecho con los estudiantes de mi universidad en una clase sobre la no violencia, que pensé que podría ayudarme en esa tarea. En la clase sobre no violencia, investigamos la manera de ser de Gandhi y su afirmación de que «el buscador de la verdad debería ser más humilde que el polvo». Para ayudar a mis alumnos a familiarizarse con esa clase de creatividad, les pedí que escribieran poemas para intentar descubrir la sabiduría de esa afirmación. Sabiendo que escribir poemas exige estar abierto a la vulnerabilidad, decidí que yo debería escribir mi propio poema. Este refleja el espíritu en que me gustaría recorrer el camino que me queda por delante, el modo en que espero aprender a ser como Rob.

Aceptar nuestro carácter terrenal

Polvo eres
y en polvo te convertirás.
No es una maldición
ni son las últimas palabras de un lamento.
Es la clave del enigma
para hallar el camino de la Verdad.
Es la clave del enigma
hacia una vida de no violencia.
El amante de la Verdad
acepta el camino del polvo.
El polvo es libre,
libre de todo esfuerzo
—por estar en la cumbre,
por mantener el control,
por ser más importante y mejor—.
El polvo no aprueba
las reglas del poderoso.
Este polvo que no aprueba
transforma incluso a los enemigos.
Desde abajo, a nadie mira por encima del hombro
y puede ser pisoteado por cualquiera.
Y aquel que puede ser pisoteado por cualquiera
ha derrotado a la derrota.
El ganar y el perder colapsan.
El que ama, lleno de polvo, por nadie es obstaculizado.
Más humilde que el polvo
es el camino de la Verdad.

Los amantes de la Verdad
abrazan el camino del polvo.

A muchos, la idea de abrazar el polvo no les sonará a verdadera felicidad. Pienso que para entender la verdadera felicidad que procede de esta práctica, tienes que probarla. Mi experiencia es que abrazar el polvo puede enseñarnos mucho sobre bailar con elefantes y sobre la felicidad verdadera.

Hay un proverbio suajili: «Cuando dos elefantes luchan, la que sufre es la hierba». El proverbio habla de la impotencia que la hierba siente al ser dominada e ignorada por poderes más grandes. Pero piensa en el polvo. El polvo no sufre del mismo modo que la hierba. El polvo es una metáfora de la resiliencia que trasciende tanto el poder como la ausencia de poder.

Si vamos a bailar con elefantes, nos ensuciaremos. Si vemos la suciedad como una maldición, nunca seremos felices. Pero si con la suciedad abrazamos nuestra naturaleza terrenal, podremos danzar con elefantes y ensuciarnos; todavía podremos ser realmente felices.

Peregrinaje urbano

Caminar es una práctica de mindfulness utilizada desde antiguo por quienes están interesados en un modo de vida más sanador y pacífico. Mahatma Gandhi, Martin Luther King y Thich Nhat Hanh utilizaron esta práctica al servicio de la construcción de la paz. Sin embargo, cada uno caminaba de manera muy distinta. ¡Menos mal que no caminaron juntos! Gandhi habría ganado todas las carreras: andaba con velocidad, con determinación y con un enfoque interior, casi introvertido. Martin Luther King sería el segundo en una carrera: caminaba como un extrovertido, animando a otros con un ritmo lento, palpitante, como un tambor. Thich Nhat Hanh sería el último en cualquier marcha: a paso de tortuga, daría cada paso lentamente, como si fuera su primer y su último paso sobre una tierra sagrada.

Muchas tradiciones espirituales tienen alguna forma de peregrinaje a pie, como una manera de despertar el corazón y el alma y honrar lo sagrado. Para muchos de mis amigos y conocidos, el Camino de Santiago, en España, es la experiencia definitiva del caminar sagrado. La primera vez que supe de mi discapacidad a largo plazo, comencé a caminar. Tenía las voces de Gandhi y King y una imagen de la peregrinación sagrada en la mente. También tenía en mente la voz de una monja budista que conocí durante una visita a Plum Village, la comunidad de Thich Nhat Hanh. Le pregunté cuál creía que era la práctica de mindfulness más importante para los no budistas. Para mi sorpresa, respondió inmediatamente: «La meditación caminando». De modo que con esas distintas voces en mente, caminaba. A veces, esas voces luchaban entre ellas sobre la manera más sagrada de caminar. Pero hacían causa común cuando se trataba de dónde caminar.

¿Por qué necesitamos ir a la otra parte del mundo para encontrar espacios sagrados? Esos viajes constituyen el lujo de los ricos y los sanos. Si no podemos establecer contacto con lo sagrado y responder a ello en cada paso que damos en casa, ¿qué nos hace pensar que lo haremos mejor en algún otro lugar? Si lo hacemos mejor en algún otro lugar, ¿nos ayudará realmente a andar cada paso conscientes de lo sagrado, cuando regresemos?

Estas preguntas me llevaron a un desafío: realizar un peregrinaje sagrado en casa. La célebre Marcha de la Sal, de Gandhi, fue de trescientos ochenta y seis kilómetros, y la hizo en veintitrés días –unos diecisiete kilómetros diarios–. Al haber enseñado sobre Gandhi cuando ejercía como profesor de Estudios sobre la Paz y los Conflictos, sabía también que cuando volvió a la India, emprendió un viaje de un año largo para ver todos los rincones del país y aprender cómo vivía su gente. De modo que combiné esas ideas. ¿Qué tal si recorría todas las calles de Winnipeg para ver cómo vivían mis vecinos? ¿Qué tal si caminaba considerando esto un peregrinaje urbano? ¿Podría caminar como Gandhi, o King, o Thich Nhat Hanh? ¿Podría aprender a caminar como si cada lugar fuese un peregrinaje sagrado?

Compré un mapa de la ciudad, una linterna y varias botellas de agua rellenables. Y comencé mi peregrinaje urbano. Decidí darme algunas directrices:

- Nada de aparatos electrónicos –no quería que me distrajesen–. El móvil, el iPod y todos esos artilugios se quedarían en casa o en el coche.
- Nada de billetera ni cartera –durante unos cuantos años me he sentido incómodo mezclando el dinero y las prácticas sagradas–. He presenciado muchas ceremonias indígenas de purificación con el humo de plantas sagradas. Siempre se quitaban las gafas, los relojes y las joyas antes de purificarse. Yo realizaba una práctica quitándome simbólicamente los zapatos con el fin de

reconocer que estaba en terreno sagrado. No me quitaba literalmente los zapatos, porque si bien la tierra era sagrada, también estaba fría, ya que era pleno otoño.

- No hablaría públicamente sobre mi viaje antes de haber recorrido cien kilómetros. Me encantaba la idea de la peregrinación urbana, pero sabía que quería hablar desde la perspectiva de la práctica, más que desde el reino de las ideas. Se lo dije a mi familia y a un par de amigos, pero a nadie más.

Más allá de estas pocas directrices, no tenía grandes objetivos. Simplemente quería estar presente, caminar conscientemente y disfrutar del contacto con la tierra.

Fue una época hermosa para mí. Vi partes de Winnipeg que nunca había visto. Algunos días, tenía en mente una cita relacionada. Por ejemplo, había oído la pregunta: ¿cuál es la velocidad del amor? Respuesta: cinco kilómetros por hora —la velocidad media al caminar—. Pero, principalmente, intentaba no llenar mi mente con demasiados pensamientos y simplemente andar y ser. Esto era energizante. Al principio me resultaba difícil abandonar mi mundo interior de pensamientos y emociones. Pero conforme fui ampliando el horizonte de mis intereses, tuve tiempo y espacio para cultivar las relaciones con la gente y los lugares que de otro modo nunca hubiera visto ni conocido.

Recomiendo ardientemente establecer el propio enfoque para realizar una peregrinación allí donde estés. Si quieres leer más enseñanzas sobre la meditación caminando, te recomiendo el libro de Thich Nhat Hahn *How to walk* [Cómo caminar]. Aprender a bailar con elefantes tiene que ver, en parte, con estar en movimiento de una manera no violenta, no dañina. La peregrinación urbana es un entrenamiento en atención plena que se basa en este tipo de movimiento. Espero que te conduzca a la felicidad verdadera.

Justo cuando llegué a los cien kilómetros, sucedieron tres cosas que me llevaron a abandonar mi objetivo de recorrer todas las calles de Winnipeg. En primer lugar, me pusieron una multa. En realidad, no era nada relevante, pero en cierto modo me desanimó. En segundo lugar, llegó el invierno canadiense. Donde vivimos, las temperaturas en invierno descienden hasta los -40 ºC. En tercer lugar, teníamos un cachorro, que pedía un tipo diferente de entrenamiento en atención plena (este será el tema del capítulo siguiente).

En algunos momentos, lo sentí como un fracaso. Me había puesto como meta recorrer todas las calles de Winnipeg y no lo conseguí. No había andado tanto como en la Marcha de la Sal de Gandhi, que llevó a cabo cuando tenía más de sesenta años. Yo tenía cuarenta y tres. Mi naturaleza competitiva y enfocada en objetivos todavía vivía con fuerza dentro de mí, y mis voces interiores me decían que había fracasado. Mirándolo ahora, lo veo de manera diferente, pero en aquel momento no fue fácil.

En la actualidad mi punto de concentración no es tanto cubrir cada parte de un mapa como simplemente dar cada paso con gratitud hacia la vida. Este es un proyecto de felicidad. La peregrinación urbana era el campo de entrenamiento que sigue configurando quién y cómo soy ahora.

Descubre alguna práctica de meditación caminando. Probablemente será muy distinta de la mía. Lo que importa no es la técnica, sino el espíritu que pones en ella y tu apertura para aprender a ver de un modo nuevo.

10

AMAR A UN CACHORRO

Tabitha le «prescribió» un perrito pequeño a nuestra familia. Tabitha es exhuterita (una rama de los anabaptistas) y copropietaria de la Tallgrass Prarie Bakery, la panadería de Winnipeg de la que ya he hablado (es la misma panadería que Kathy Barkman, de la que hablé en el capítulo siete, ayudó a poner en marcha). Tabitha es también amiga y miembro de nuestro círculo de amigos cuidadores (ver el capítulo doce). En nuestra comunidad, es una especie de anciana sabia, y cuando habla, la gente se detiene para escuchar. En uno de los encuentros de nuestro círculo de apoyo (ver el capítulo trece), decidió «prescribir» que tuviésemos un perro.

Cuando más tarde, a la noche, les dijimos a nuestras hijas gemelas lo que Tabitha había dicho, se emocionaron mucho. Tenían una aliada. Ellas habían querido un perro durante años, y de vez en cuando habían intentado convencernos. ¡De hecho, Sara había estado trabajando en una presentación con PowerPoint para defender su argumento! Rhona sabía que buena parte del trabajo recaería sobre mí, así que dijo que era decisión mía. No estoy totalmente seguro de por qué acepté. No tenía la sensación de necesitar un perro, pero respetaba a quienes decían que sería bueno para nosotros.

Terminamos teniendo un hermoso cachorro golden retriever. Koila lo descubrió y Sara lo llamó Kobi. Y así se amplió nuestra familia, de una manera que ninguno de nosotros había imaginado. Kobi nació en diciembre de 2014. Siete semanas después lo llevamos a casa.

El primer año hubo algunas dificultades, mientras nos adaptábamos los unos a los otros, pero ahora todos estamos enamorados de él. Cada día oigo a mis niñas gritar de alegría por lo gracioso que es o por lo mucho que lo quieren o por cómo nunca encontrarán a nadie que sea más guapo que Kobi.

Para ser sincero, no solo las niñas gritan de alegría. Rhona y yo también participamos diariamente de los chillidos, para disgusto de algunos de nuestros amigos y familiares.

Al despertar, vamos corriendo a acariciar al perro, el cual se revuelca tranquilamente o se acerca para que lo acariciemos. Luego bajamos las escaleras para que pueda salir y de paso darle —y recibir— un poco de amor.

Antes de que el café termine de hacerse, cada mañana todos hemos participado en múltiples actos de amor y felicidad. El amor es así de extraño. No es como el dinero, que disminuye cuando lo usas. Tampoco es como la rabia, que aleja a los otros cuando te dejas llevar por ella. El amor se multiplica y produce más amor. Tener un perro, aunque se trate de un cachorro mal adiestrado, constituye una formación consciente en felicidad, minuto a minuto.

Nos hemos dado cuenta de que esta felicidad no se limita a nuestra familia. No todo el mundo queda infectado con este virus de la felicidad, pero cuando andamos por la calle, vemos cómo se iluminan los rostros —de los niños, de los adultos, de personas de todas las edades y de todo tipo—. No estoy seguro de qué ve la gente en Kobi, pero cuando él está presente, por todas partes surgen sonrisas. Es algo profundo. Kobi es un virus de la felicidad.

A veces, cuando la gente atraviesa por momentos duros, llaman a nuestra casa para disfrutar de una terapia canina. A menudo, cuando las niñas tienen conflictos o ansiedad o se enfadan con sus padres, quieren tener a Kobi junto a ellas. Nos hace mejores personas.

Hay una cita que dice: «Espero poder ser la clase de persona que mi perro cree que soy». Lo que me gusta de esta frase es que muestra cómo los perros nos ven con los ojos del amor. Mientras no les hagamos daño y los atendamos en sus necesidades básicas mínimas, nunca nos guardan rencor. Cada vez que atraviesas la puerta, se ponen contentos de que llegues. Y esta felicidad hace que la felicidad brote dentro de nosotros.

Antes de Kobi, nuestra familia no había tenido ninguna mascota. Ya sé que muchos de vosotros érais conscientes del milagro de las mascotas mucho antes que nosotros. Si las formaciones en mindfulness están para entrenarnos en el amor, tener un perro es una de las mejores formaciones en mindfulness que jamás he experimentado.

A nuestras hijas, amar a un animal tan profundamente las ha llevado a hacerse veganas. Cuando vieron nuestro sistema carnívoro como un modo de crueldad hacia animales como Kobi, cambiaron radicalmente sus dietas. Recientemente han celebrado su primer aniversario como veganas.

Tener un perro nos ha ayudado a abandonar algunos miedos y sustituirlos por felicidad verdadera. Un perro —y especialmente un cachorro— implica mucho trabajo. Pero a medida que hemos ido soltando nuestra necesidad de tener una casa siempre limpia, hemos ido aumentando nuestra felicidad general.

Para ser alguien que baila con elefantes, tienes que aprender a amar al elefante. Si el elefante es demasiado temible, comienza con un perro. Si lo permites, tu perro te entrenará para aumentar tu amor y tu felicidad.

11

BUCEAR EN UN OCÉANO DE GRATITUD,

CON PATCH ADAMS

Patch Adams calcula que, como payaso, ha estado ante unos diez mil moribundos. Le pregunté qué había aprendido al estar presente en tantos lechos de muerte, vestido de payaso, con juguetes en sus bolsillos.

—No son lechos de muerte —dijo—. Son lechos de vida. Hay dos estados: vivo y muerto. O estás vivo o estás muerto. Es cierto que desde el instante en que eres concebido estás muriendo. Estás muriendo, pero también estás viviendo. —Me miró a los ojos y añadió—: Y ahora yo te veo vivo, no muerto. Así que ¿dónde está la gracia?

Era como si estuviera diciendo: «Estás vivo; ¡pues vive bien y diviértete!».

Más adelante, en nuestra conversación, le pregunté si, dada su experiencia, podría ofrecer algunas sugerencias acerca del vivir bien para quienes hemos sido etiquetados con una enfermedad.

—¿Cuántas quieres? —preguntó. Luego, volvió a sentarse y dijo—: Todos morimos. Relájate. La pregunta no es «cómo». La pregunta es: ¿estás vivo? ¿Estás siendo el ser humano que quieres ser? ¿Son sanas tus relaciones? ¿Estás agradecido? ¿Qué cosas te maravillan? ¿Qué cosas despiertan tu curiosidad? ¿Qué te emociona y te hace vibrar? Puedes decidir amar la vida. Puedes decidir amar a tu pareja. Puedes decidir saber lo que quiero decir cuando afirmo que un árbol puede detener tu sufrimiento.

Si alguna otra persona me hubiera dicho esas mismas palabras, probablemente no habrían tenido el mismo efecto. Quizás si te cuento algo de la historia de Patch Adams sientas también una profunda gratitud por estar vivo y puedas aceptar el hondo reto de vivir una vida dedicada al cuidado de los demás.

Algunas personas creen que conocen la historia de Patch Adams porque vieron el retrato que Robin Williams hizo de él en la famosa película de Hollywood. Pero el verdadero Patch Adams se apresura a indicar que la película simplificó y esterilizó profundamente su vida.

Patch nació el 28 de mayo de 1945. Creció como un niño del ejército, siguiendo a su padre por todo el mundo y viendo cómo la guerra le robaba el alma a su progenitor. Tras morir este en 1961, siendo Patch adolescente, su madre se trasladó con la familia a Virginia. Era una época de un racismo descarado. Cuando Patch vio la señal de «Solo blancos» en unas fuentes de agua públicas, se convenció de que su país era un fraude, ya que permitía tal injusticia y deshumanización. En la adolescencia, recibió varias palizas por oponerse a la violencia y al racismo. A lo largo de un año, entre los diecisiete y los dieciocho, fue hospitalizado tres veces por intentar suicidarse. Patch no quería vivir en un mundo con tanta violencia e injusticia.

Fue durante su tercera hospitalización cuando su vida cambió de dirección. Para él, fue como un rayo: «No tienes por qué matarte. Lo que necesitas es hacer una revolución, una revolución del amor». Se vio enfrentado a dos preguntas:

1. ¿Cómo puedo encontrar una manera de trabajar con el amor hacia los seres humanos en un sistema capitalista que está haciendo enfermar a sus miembros?
2. ¿Cómo puedo ser un instrumento de la paz, la justicia y la atención a los enfermos, cada día?

La primera pregunta le hizo buscar la manera de convertirse en un médico libre. La segunda lo llevó a convertirse en payaso cada día.

A los dieciocho años dice que «se sumergió en un océano de gratitud y nunca ha encontrado la orilla». En esta misma época, identificó seis cualidades o maneras de ser que se comprometió a vivir todos los días: ser feliz, divertido, amoroso, cooperativo, creativo y amable. Me dijo: «¡Desde entonces, en cincuenta y cuatro años, nunca he tenido un mal día!».

Cuando se convirtió en un joven adulto, dirigió su atención a los libros y los experimentos sociales relacionados con el amor y el juego. A través de estos experimentos sociales, se fue construyendo a sí mismo como un instrumento de la paz. Se vestía con trajes muy distintos y llamativos, para involucrar a la gente en el juego del teatro. Cada día, durante dos años, estuvo dos horas llamando a números equivocados para aprender cómo hablar con extraños, intentando mantener a su interlocutor en el teléfono. También montó en ascensores, diez horas a la semana, en Washington D.C., para aprender el arte de romper el hielo[*].

Para Patch, la facultad de medicina era un reflejo de todo lo que iba mal en la sociedad: elitismo, racismo,

---

[*] En todas sus entrevistas y conferencias Patch Adams hace referencia a los ascensores como lugares idóneos para poner a prueba y desarrollar nuestra capacidad de observación, empatía y comunicación. En una entrevista publicada en www.positivarte.com lo explicaba así: «Cada minuto en un espacio público, siempre es posible ser universalmente amistoso y un celebrador de la vida. La revolución se hace cuando tú te comunicas de otra manera con la gente que se sube contigo a un ascensor. ¿Te has dado cuenta de que la gente no se mira, se esquiva dentro de un ascensor? Haz la prueba de saludarlos efusivamente, con una sonrisa de oreja a oreja; o de hacer una broma. Esos gestos que son gratuitos, que no requieren inteligencia ni entrenamiento especiales, que no cuestan dinero, son más difíciles de hacer que cualquier otra cosa, porque uno tiene que salirse del "yo"».

atención rápida en consulta, medicina para ganar dinero, jerarquía…

El año que se graduó como médico, en 1971, entregó también un ensayo de ocho páginas acerca de un modelo de hospital diseñado para un cuidado holístico. Lo llamó *instituto Gesundheit*[*]!

Durante los doce años siguientes, un pequeño grupo de familias y médicos hicieron realidad una mini-versión del modelo, para demostrar que podía funcionar.

Estas son algunas de las sorprendentes características de este modelo de atención sanitaria:

- No cobrar las consultas médicas.
- La visita del paciente medio dura entre tres y cuatro horas, a diferencia de los siete minutos y medio estándar.
- Todo el personal permanente convive de manera comunitaria.
- Todos tienen el mismo salario (trescientos dólares al mes).
- Los pacientes viven junto a los médicos y sus familias.
- Sin reembolso del seguro de salud.
- Sin seguro de negligencia médica.

---

[*] Aunque el término es alemán (su significado literal es 'salud') también se utiliza en Estados Unidos como respuesta a un estornudo, sería el equivalente a nuestro ¡Jesús! o ¡Salud! Nombre acorde con el enfoque desenfadado y optimista del doctor Patch Adams.

- Entorno de ecoaldeas. Finalmente, el hospital compró más de un kilómetro cuadrado de terreno en el oeste de Virginia (el estado más pobre en servicios sanitarios), un lugar para sumergirse en la belleza de la naturaleza con cascadas, cuevas, un lago de dieciséis mil metros cuadrados, una montaña de árboles frondosos y un hábitat silvestre.
- Granja orgánica en el recinto; Patch fue pastor de cabras durante ocho años.
- Integración de las terapias alternativas.

Cuando Patch comenzó el mini-instituto Gesundheit!, él y sus colegas pensaron que el hospital completo se terminaría de construir en cuatro años, hacia 1975. Sin embargo, durante los doce años siguientes no recibieron ni una sola donación. Aprendieron que dar y amar era algo excelente, pero también aprendieron que tendrían que cambiar su enfoque si querían atraer financiación. Patch comenzó a trabajar a tiempo completo en la divulgación y en charlas para recaudar dinero para el modelo hospitalario, un sueño que todavía está por cumplir. (Pueden realizarse donaciones en www.patchadams.org/donate/). Pasa unos trescientos días al año viajando y ha visitado más de noventa facultades de medicina en setenta países. Además de pasar consulta, Patch sabe que ha de tener algún sistema complementario de seguimiento para que los resultados de su trabajo sean sostenibles. De manera que decidió responder todas las cartas que recibía, como parte de la atención sanitaria. Por otro lado, decidió realizar viajes como payaso a los lugares más necesitados del mundo: zonas en guerra, campos de refugiados, orfanatos, cárceles, áreas de pobreza extrema y centros para veteranos de guerra. En cada lugar, intenta inculcar en la sociedad la alegría de vivir. Él resume su enfoque diciendo: «Mi camino espiritual es amar al prójimo».

Cuando hablé con Patch por Skype, vi a un hombre de setenta y un años vestido de payaso, con cabello largo blanco y azul, que no se había cortado desde 1967. Con un estilo característico y un bigote blanco rizado en sus puntas, llevaba una corbata rosa y morada, y gafas de un rojo brillante para completar el conjunto. Frente a mí se hallaba sentado un hombre cuyo sueño todavía no se ha cumplido, ni siquiera después de cuatro décadas de intentarlo. Pero, conforme iba hablando, supe que eso era un detalle sin importancia. Hablaba con amor, sin amargura.

Conversar con Patch me hizo pensar sobre esta cuestión: ¿no será que la respuesta a la mayoría de nuestros problemas está en hacer que otros estén radiantes? Cuando no nos encontramos bien, muchos profesionales de la salud nos dicen que nos centremos en nosotros. Pero ¿y si la clave de nuestra propia felicidad consistiese en preocuparnos por los demás?

De Patch quiero aprender la alegría de vivir, el regalo de vivir con gratitud y las profundas transformaciones que surgen cuando nos preocupamos por quienes nos rodean y los amamos. Este libro esboza algunos de mis propios experimentos sociales con el amor, pero Patch me desafió a ir más lejos, a ser más audaz y más libre.

En el vídeo que grabé de nuestra conversación, puede escucharse a Patch compartir su propia historia, así como explorar cuestiones tales como la manera en que un árbol puede detener tu sufrimiento, por qué la soledad es la peor de las situaciones humanas y qué trucos puedes utilizar para ayudar a la gente a amar y ser dichosa.

Tercera parte

Amor verdadero

RESPONDER A LA ENFERMEDAD CON UN CÍRCULO

Conocemos la magnitud de un terremoto por el violento impacto de sus temblores. En 1990 mi madre tenía la misma edad que tengo yo ahora. Yo estaba terminando bachillerato. Estábamos probablemente en el octavo año del terremoto de su enfermedad de Huntington.

Por entonces, la relación de mis padres había quedado destrozada, hecha añicos. Mi hermano mayor —haciendo, para protegerse, lo que a menudo yo había deseado hacer— se largó. Mi madre se había alejado ya de casi todo el mundo. La mayor parte del tiempo, se quedaba en casa y no abría la puerta. Yo me quedaba solo, con ella. Para empeorar las cosas, intenté ser el hijo compasivo, capaz de escuchar, estando presente durante el trauma de aquel terremoto que no tenía fin. Para mi madre, fueron días de amenazas e intentos de suicidio. Aquellos ocho años plagados de migrañas para ella fueron su etapa de «odio a todos los hombres», y, para mí, la de «vas a pasar una fase horrible con tus padres». Se pasaba casi todos los días en bata, en el sofá, vomitando en un cubo de helado de cuatro litros, el mismo que previamente había llenado con galletas caseras con pepitas de chocolate. Los días en que cocinaba y hacía panes habían quedado atrás. Estaba en la bruma del Huntington. Estábamos todos en la bruma del Huntington.

Se encontraba todavía en la fase de negación de la enfermedad. Y pasamos dieciséis años más de terremoto traumático y otras dificultades, hasta que finalmente murió.

¿PUEDO DEJAR DE TRANSMITIR LOS TERREMOTOS TRAUMÁTICOS DE UNA GENERACIÓN A OTRA?

En general, intento no pensar en esos días. Pero ahora tengo la enfermedad. Ahora mis hijas gemelas caminan por los mismos pasillos del instituto del barrio en los que yo me refugiaba cuando tenía su edad. Desde hace algún tiempo, cada vez que mi esposa Rhona y yo discutimos, hay un momento en el que ella me mira con miedo y ve mi enfermedad.

Sigo preguntándome qué tipo de hábitos y apoyos podrían hacer que este camino fuese un poco más soportable para mis hijas, para Rhona y para mí, que pudiéramos incluso disfrutarlo. Estoy reviviendo mi adolescencia, preguntándome que podría habernos ayudado durante el terremoto. ¿Qué formas de vida, qué técnicas de mindfulness podrían equiparnos para vivir de un modo que no vuelque sobre mis hijas todo el trauma de generaciones anteriores? Para mí, amar a quienes me rodean exige que intente encontrar la mejor respuesta a esta cuestión en la medida en que me sea posible.

No creo que nunca estemos solos, pero cuando era adolescente, tenía esa impresión. Retrospectivamente, todavía siento un poco de envidia con respecto a mi hermano, quien, aunque también estaba atrapado por el terremoto, siempre podía decir «no» y poner cierta distancia. Mi madre, mi hermano y yo necesitábamos apoyo. Nuestro círculo era demasiado pequeño. Muchas veces se nos ofrecía ayuda, pero a mi madre no le interesaba.

De modo que, en esta ocasión, quiero intentar no cometer los mismos errores. Quiero ampliar y fortalecer nuestro círculo. He llegado a pensar que en varias culturas la gente se ha reunido en círculos durante mucho tiempo. En Canadá, reunirse en círculos para dar respuesta a sucesos traumáticos es muy frecuente en las comunidades indígenas. Muchas de estas prácticas fueron prohibidas, rechazadas o desalentadas. Pero queda todavía una memoria viva entre algunos de sus ancianos.

Ellos recuerdan maneras a través de las cuales la comunidad se reunía en círculos para ayudar a que la gente enfrentara los acontecimientos de un modo constructivo, para ayudarlos a comprender su identidad y las conexiones con el mundo que los rodeaba. Creo que tales prácticas eran comunes en todo el mundo. Antes de que los estados interviniesen en los conflictos de las comunidades, estas se reunían en círculos para fortalecerse. Living Justice Press es una gran editorial cuyo único propósito es compartir estos ejemplos de círculos para la construcción de la paz.

Cuando ejercía como investigador sobre la paz y profesor, trabajé mucho en el campo de la justicia restaurativa. Este es uno de los contextos en los que la gente de todo el mundo está volviendo a aprender cómo utilizar círculos constructores de paz para pasar de la delincuencia a la comunidad. *Círculos de Apoyo y Responsabilidad* es una organización que coordina, de manera muy efectiva, círculos en torno a individuos que han sido encarcelados por agresiones sexuales y que cumplen su sentencia íntegra debido al alto riesgo de reincidencia. Mantener a esos delincuentes en la cárcel hasta el final de su sentencia en realidad hace que nuestras comunidades sean mucho menos seguras, ya que no hay transición ni responsabilización. La gente pasa directamente de la cárcel a la comunidad, y como han cumplido su pena, el estado ha perdido el derecho a limitar sus libertades o hacer que rindan cuentas.

Círculos de Apoyo y Responsabilidad entra de lleno en esta problemática situación. La organización ha contribuido a detener la reincidencia ayudando a algunos de los agresores más problemáticos a que se encuentren a sí mismos de nuevo, rodeados de una comunidad de apoyo. El círculo intenta ofrecer apoyo con reintegración a la comunidad, mientras al mismo tiempo se responsabiliza de una conducta difícil que podría conducir a mayores daños. Este ejemplo ha constituido un modelo para mí al considerar cuál sería la mejor manera de ampliar nuestro círculo y proteger a mi familia de los efectos del terremoto Huntington.

Uno de mis mayores miedos es llegar a dañar a mi propia familia, siguiendo el patrón de mi madre. Como he pasado mi vida explorando caminos de sanación, sé que los círculos tienen una enorme cualidad transformadora.

Como familia, creamos un círculo de apoyo y responsabilidad como punto de referencia para el viaje. Elegimos a seis personas de nuestra iglesia con las que teníamos una relación de respeto muy positiva. Las seleccionamos con las características siguientes:

- Personas con las que podíamos compartir libremente.
- Personas cuyo apoyo aceptaríamos sin ninguna reserva.
- Personas ante las que podríamos expresar nuestras bajezas.

- Personas que nos gustaría que formaran parte de nuestra familia.

Una de las cosas que más me gustan de mi comunidad eclesial es que a través de una experiencia ganada con esfuerzo, el grupo tiende a responder a los sucesos traumáticos creando un círculo de apoyo. En las etapas de cambio, como el paso a la adolescencia, casarse o tener hijos, la iglesia se reúne de manera natural. Y un acercamiento similar se utiliza para los acontecimientos traumáticos: la ruptura de un matrimonio, la muerte de un amigo, un conflicto profundo entre miembros, etc.

No es una norma obligatoria, ni siquiera una expectativa. Simplemente se hace porque la gente ha sido testigo de primera mano del bien que resulta de compartir cada viaje, especialmente en los momentos de desorientación más dolorosos. De modo que cuando un amigo querido (y adicto al círculo) de nuestra iglesia ofreció hacer lo que quisiéramos para organizar tal círculo para nosotros, estuvimos de acuerdo. Ya habíamos estado hablando y haciendo planes al respecto.

Invitamos al carpintero, al artista, al panadero, a la enfermera especializada en salud mental, al trabajador social y al defensor de la justicia alimentaria.* Sé que suena como una broma. Pero, sencillamente, estos son

---

* La llamada justicia alimentaria busca promover un modelo de desarrollo rural justo en favor de la «soberanía alimentaria» y generar en la sociedad una conciencia solidaria como principio hacia la transformación social. (Fuente: justiciaalimentaria.org).

nuestros amigos. Todo el mundo dijo que sí, aunque cada uno tenía muchas razones para decir que no. Son nuestros compañeros. Justo ahora, nos reunimos cada dos meses, alternando círculos y comidas con niños. El carpintero lo organiza. Ahora mismo, compartimos nuestro viaje y construimos relaciones de confianza con todos los miembros de la familia. En nuestros círculos también invitamos a plantear preguntas difíciles. La mayoría de las noches se convierten en coloquios. Nuestros amigos han decidido informarse acerca de la enfermedad de Huntington asistiendo a conferencias. Una noche trajimos al trabajador social de la Sociedad del Huntington de nuestra provincia. Tratamos el caso de cada miembro de la familia y qué apoyo podría serle útil. Cada uno de mis médicos es especialista en una parte de mi cuerpo. Pero el círculo es diferente. Es holístico y proporciona apoyo para toda la familia. Con el tiempo, entenderán que gracias a haber compartido mi proceso han aprendido a caminar por la vida de un modo más sanador. El trabajo que hacemos ahora tiene mucho que ver con lo que podrán ofrecer más tarde.

LA SABIDURÍA DEL CÍRCULO Y LOS VIAJES TRAUMÁTICOS

Espero que compartir este viaje con nuestro círculo de apoyo y responsabilidad reduzca la presión a la que estamos sometidos Rhoda, mis hijas y yo mismo, de manera que nos deje más espacio para disfrutar del camino que nos queda por delante.

A mí me parece que los círculos nos enseñan mucho sobre cómo vivir la vida con sabiduría. Hasta ahora, estas son las joyas que he aprendido:

- Nos necesitamos mutuamente. A menudo no podemos sanar ni seguir por el buen camino sin la ayuda de los demás.
- Necesitamos comunidades de apoyo para ayudarnos a recordar nuestra identidad en medio de nuestra desorientación.
- En lugar de tratar de luchar *contra* la enfermedad y el trauma, los círculos te proporcionan apoyo para *cuidar* de ella, como si fuera un niño que llora.
- Respondemos a los desacuerdos insalvables (eso en lo que nos negamos a cambiar de opinión) comiendo juntos. Comer juntos es un acto sagrado.

Quizás te sorprenderías por el tipo de apoyo que la gente está dispuesta a dar si se ofrece una opción concreta, como un círculo. El regalo del círculo se extiende más allá de sus fronteras. Nuestras hijas gemelas trabajan las dos en la panadería de la que los Barkman son copropietarios. Cada mes, pasamos un rato, hasta altas horas de la noche, con una pareja del círculo. Las cosas buenas tienden a ocurrir cuando permites que la gente te cuide.

Cuando comenzamos a reunirnos, quienes nos apoyan eran muy conscientes de que no sabían demasiado acerca de la enfermedad de Huntington.

De pasada, dijimos que la conferencia nacional sobre el Huntington iba a celebrarse en nuestra ciudad y que Rhona y yo iríamos y veríamos qué podíamos aprender. Sin que nosotros lo supiéramos, los miembros del grupo de apoyo fueron a la iglesia y pidieron dinero para que todo el círculo, incluyéndonos a nosotros, pudiera ir a la conferencia a aprender sobre mi enfermedad. La iglesia lo aprobó. Todos los de nuestro círculo se inscribieron. ¡Cuando nos presentamos todos en una de las sesiones principales, llenamos toda una mesa! Bueno, a decir verdad, casi la llenamos. Una silla quedó vacía. Pronto vino una persona que no conocíamos y se sentó con nosotros. Nos presentamos. Cuando nuestra nueva amiga supo que toda la mesa era de nuestra iglesia, y que estaban allí por Rhona y por mí, quedó conmocionada. Ella es trabajadora social y trabaja para la Sociedad del Huntington de Canadá. Habló varias veces de nuestro asombroso acuerdo. Dijo que la mayoría de las personas no obtienen este apoyo ni siquiera de sus familias, mucho menos de su comunidad. Eso se me quedó grabado.

Los recursos sanadores existen. A menudo no logramos hallar la manera de acceder a ellos. Crear un círculo de apoyo y responsabilidad ha sido beneficioso para nuestras vidas. Tengo curiosidad por saber cómo otros han creado modos de llegar a las comunidades y conseguir que se comprometan con ellos para convertirse en círculos de apoyo y cuidado. Te animo a pensar en modos de sintonizar con la sabiduría de los miembros de tus círculos.

Cuando enfermé, mucha gente dijo: «Si necesitas algo, dínoslo». Creo que lo decían sinceramente, pero no sabían muy bien qué ofrecer y nosotros no sabíamos muy bien qué pedir. El círculo nos proporciona espacio para pedir ayuda específica, pero incluso cuando decimos que de momento no hay nada que necesitemos, la respuesta siempre es: «No esperéis a que nos juntemos de nuevo. Llamadnos cuando nos necesitéis».

Para nosotros, este tipo de círculo de amigos verdaderos proporciona una manera constante de afrontar la vida con todos sus vericuetos. Espero que tú también puedas encontrar fuentes de sabiduría que te inspiren para caminar de un modo sanador.

13

MORIR Y SUPERAR EL DUELO CON AMOR

Se nos ha enseñado —en todos los ámbitos— a temer a la muerte. Y, sin embargo, la muerte ¡es tan profundamente humana! Es una de las pocas cosas sagradas que todos los humanos compartimos: el nacimiento y la muerte. A menudo, pero no siempre, esas cosas sagradas básicas son las que unen a la humanidad: respirar, comer, orinar y defecar, nacer y morir. Los que bailan con elefantes tienen que aprender a realizar cada tarea con compasión y amor. Tenemos que resistirnos a la cultura del miedo y la ansiedad a cada paso. Al temer a la muerte, a menudo nos perdemos la vida y el amor. Quienes bailan con elefantes pueden emplear el morir de los seres queridos como entrenamiento consciente para aprender a vivir y morir bien. Quizás al descubrir las claves del morir, seremos capaces de crear el espacio necesario para seguir aprendiendo a amar.

¿Cómo descubrimos las claves del buen morir? Después de vivir el duelo tras la muerte de mi suegra, Kathleen Hildebrand, que murió pacíficamente el 22 de septiembre de 2016, y después de celebrar su vida, he aquí algunas de mis reflexiones personales al respecto.

¿ES NECESARIO QUE CADA MUERTE SEA UNA TRAGEDIA?

Cuando estuve haciendo el máster en Paz y Conflictos, en Virginia, Rhona y yo trabajamos en un hogar para jubilados muy cerca del campus de la universidad. Estábamos de guardia por las tardes y los fines de semana para ayudar a los residentes con las urgencias que tuvieran. Con el tiempo, empezamos a aprender lo que era importante para ellos. A menudo hablaban de la muerte. Más concretamente, hablaban de su esperanza de morir de manera rápida y relativamente indolora. Para ellos, una muerte rápida era su sueño, la mejor manera de irse.

Cuando pienso en los residentes, me pregunto por aquellos que consiguieron su deseo. Me pregunto si sus familias sintieron la libertad de celebrar esa muerte soñada. Generalmente, cuando alguien muere sentimos que tenemos que responder a su muerte como si fuera una tragedia. «Siento tu pérdida», les decimos a quienes sufren el duelo. Y ciertamente hay una pérdida y hay tristeza cuando llega ese momento. Pero no cabe duda de que no toda muerte encaja en la etiqueta de tragedia. ¿Cómo creamos espacio para celebrar el buen morir, como una parte natural del vivir? ¿Cómo podemos abandonar la idea de que se nos ha robado algo injustamente?

¿LLEGAR AL CIELO?

¿Cuáles eran los miedos en los últimos días de Kathleen? ¿Qué le producía ansiedad? En mi opinión, le angustiaba su concepción del cielo, si se reuniría con sus dos maridos —el primero había muerto de leucemia décadas antes y el segundo, de cáncer hacía solo tres años—. Para ella, la idea de morir e ir al cielo no era un pensamiento totalmente reconfortante —¿tendría que elegir entre sus dos maridos?—. No es que esta fuese su máxima preocupación en sus últimos días, pero me daba la impresión de que estaba muy presente. Como cristiano con una licenciatura en Teología, no creo en un cielo al que vas al morir. Pienso que esta es una idea muy peligrosa que en realidad no se encuentra en las Escrituras cristianas. Esta idea del cielo provoca miedo y ansiedad a mucha gente, y esos no son frutos del espíritu. La idea del cielo como una reunión familiar ha de explorarse mucho más profundamente: ¿cuándo se inventó la idea? ¿Quién la inventó? ¿Quién se beneficiaba de ella? Cuando se puso en práctica, ¿los vecinos de los cristianos la experimentaron como fruto del espíritu, como sucede con el amor, el gozo, la paz, la tolerancia, la amabilidad, la bondad, la confianza, la gentileza y el autocontrol? Si no es así, probablemente la idea no procedía de Dios ni del amor. Me dolía ver a Kathleen sintiendo confusión y ansiedad por lo que le esperaba en el cielo, cuando necesitaba concentrarse en otras cosas.

EL PODER DE LA RISA, LAS LÁGRIMAS Y EL SILENCIO

La risa, las lágrimas y el silencio llegaban como ondas sanadoras a la habitación del hospital. Llegaban también a casa, con las visitas y en el funeral. Esto era un regalo; el tipo de regalo que recibes cuando la familia y la comunidad te acompañan en la muerte de un ser querido. Una de las muchas cosas que amo profundamente de mi familia política es que se encuentran muy cómodos con las tres prácticas sagradas: la risa, las lágrimas y el silencio (no necesariamente en ese orden). Yo creo que una de las claves del buen morir es crear espacio y dar permiso para que estos tres amigos sanadores hagan su trabajo.

EL SANADOR HERIDO

¿Qué le preocupaba a Kathleen? ¿Qué le llamaba la atención en sus últimos días? No puedo saberlo con certeza, aunque me atrevo a reflexionar sobre lo que creo que son las respuestas más probables. Tras su muerte, fui a su apartamento. Era la semana que se suponía que todos la ayudaríamos a pasar de su vida de apartamento a una vida asistida. En el suelo del salón había cajas vacías para la mudanza. Desde luego, ahora se utilizarían para llevarse sus últimas posesiones. Su apartamento no estaba muy desordenado. Sobre todo, lo que quedaba eran cuadros de la familia.

Fui y me senté en su sofá. En la mesa auxiliar estaban los mandos a distancia de la televisión, que nunca supo cómo utilizar sin ayuda. Pero la mesita estaba despejada, solo los mandos y un libro. Sin pensarlo, lo tomé para ver lo que estaba leyendo. Sabiendo que vivía en una zona rural, conservadora, muy aferrada a la Biblia, no estaba seguro de lo que encontraría. Leí el título, *Vivir con la enfermedad de Huntington: un libro para pacientes y familias*, de Dennis H. Phillips, publicado por una editorial universitaria en 1981. ¡Estaba leyendo sobre mí! Hojeé sus páginas. Mi suegra, que estaba perdiendo su vocabulario, empleaba sus últimos días intentando aprender acerca de mi enfermedad y de lo que su familia podía estar experimentando. En un clásico estilo alzhéimer, leía y releía el mismo fragmento del libro y luego transmitía su «nuevo» aprendizaje a otros miembros de la familia, una y otra, y otra vez. Pero esto me conmovió. Su atención no se centraba demasiado tiempo en ella misma. Estaba intentando ayudar a los demás. Quería comprenderme y comprender a mi familia.

Esta cuestión surgió de nuevo, días después, cuando mi mujer y sus hermanos tenían que decidir a qué entidad benéfica le pedirían a la gente que donase dinero en lugar de ofrecer flores. Yo no estuve en esa reunión, pero después me contaron que la familia quería elegir algo que reflejase aquello en lo que Kathleen estaba interesada al final de su vida. Decidieron pedir a la gente que donase a la Sociedad Huntington de Canadá. Fue mi familia política, que no tenía ningún enfermo de Huntington en ella, pero como un último gesto amoroso de bondad y generosidad, la que pidió a la gente que donase allí donde podría servir de apoyo a mi familia. ¡Qué sorprendente acto de generosidad! Se produjo en medio del duelo, en un momento en el que uno no esperaría que una familia se dedicase a apoyar a otros!

Ahora, cuando la gente dice: «Siento lo de la madre de Rhona... ¿Qué tal estáis?», quiero explicar mi profundo sentimiento de admiración y gratitud, pero en ese momento me faltan las palabras. Quizás también yo esté perdiendo mi vocabulario. Espero que la compasión y el interés de Kathleen me guíen en este camino.

AMAR A NUESTROS ANTEPASADOS

Nuestros antepasados tienen mucho que enseñarnos. En muchos casos, además de transmitirnos la sabiduría, pueden transmitirnos también los traumas. A menudo, antes de poder canalizarlos de manera beneficiosa, tenemos que trabajar para verlos a través de las gafas de la comprensión compasiva y, a veces, del perdón. Si vamos a trabajar en familias amorosas, tenemos que mirarlos con los ojos de la compasión y ver cómo intentaron —a veces sin éxito— bailar con los elefantes que habían irrumpido en la habitación.

Puede verse uno de los mejores ejemplos de esta clase de sanación generacional en un vídeo titulado *Hollow Water* (www.youtube.com/watch?v=MMKIvv5p164, cuatro minutos y cuarenta y nueve segundos en este fragmento). Las personas de esta comunidad han sido de las más inspiradoras que he encontrado en mis viajes y mi investigación por todo el mundo. Hollow Water es una comunidad de indígenas métis de mi provincia natal de Manitoba. El pueblo de Hollow Water intentaba frenar la cadena de actos de violencia y abuso sexual, que habían afectado a un elevado número de ellos durante generaciones, entre el sesenta y seis y el ochenta por ciento de la comunidad. El vídeo muestra una de las primeras parejas con las que trabajaron, y se puede ver cómo crearon una familia libre de abusos, como parte del proceso sanador. Hollow Water es un ejemplo de cómo responsabilizarse. Han aprendido a realizar una transformación importante, a pasar de culpar al individuo a sanar a través de las generaciones.

Cuando aprendemos que nuestra función consiste en asegurarnos de que los ciclos del daño y el abuso no se transmitan a las generaciones futuras, brota una gran energía y una gran concentración.

He aplicado este enfoque a mi propio viaje sanador. Trabajé con cinco generaciones anteriores. Pienso que sería estupendo retroceder hasta siete generaciones, si tuviera la información necesaria. Una de las lúcidas percepciones de los pueblos indígenas es que para comprender la violencia actual tenemos que mirar hasta siete generaciones atrás, y cuando decidimos cómo actuar ahora, tenemos que actuar de manera que beneficie a las siete generaciones venideras. Me encanta esta concepción.

Examiné mi familia de origen, retrocediendo de este modo:

- *Primera generación: mis hijos (y sus futuros hijos).*
- *Segunda generación: mis hermanos y primos y yo mismo.*
- *Tercera generación: mis padres y sus hermanos.*
- *Cuarta generación: mis abuelos paternos y maternos.*
- *Quinta generación: mis bisabuelos.*

Luego, tuve en cuenta los tipos de traumas a los que hicieron frente y los que impusieron a otros. Esto será distinto en cada familia, pero aquí pongo mi lista:

$AS =$ *Abusado sexualmente*

$MF =$ *Maltratado físicamente*

$MP =$ *Maltratado psicológicamente*

$S =$ *Suicidio*

$IS =$ *Intentos de suicidio*

$AO =$ *Abusó sexualmente de otros*

$IPG =$ *Inmigrantes de primera generación (salieron de su tierra natal)*

$CSM =$ *Ingresado en centros de salud mental*

$TA =$ *Trastornos alimentarios*

$E =$ *Enfermedad*

$A =$ *Adicción (alcohol/drogas/juego)*

$G\,I =$ *Primera Guerra Mundial*

$GD =$ *Gran Depresión/Crisis de los años treinta*

$GII =$ *Segunda Guerra Mundial (1939-1945)*

R1 =   *Racismo, caso 1: Votante de partidos políticos que apoyan el genocidio de tribus indígenas en Canadá (recientemente, Canadá estableció una Comisión Nacional para la Verdad y la Reconciliación para tratar sobre el genocidio de sus tribus indígenas desde 1876 hasta 1996)*

R2 =   *Racismo caso 2: pondría reparos a que su hijo se casara con alguien de una raza distinta*

M =   *Trataba a las mujeres con menos respeto que a los hombres*

TF =   *Fue testigo de una situación crítica en el ámbito familiar*

TC =   *Fue testigo de actos violentos y atrocidades en la comunidad*

TST =   *Fue testigo de algún suceso terrible, percibido como una amenaza a la vida*

SM =   *Problemas de salud mental*

EP =   *Entorno de pobreza*

DI =   *Divorciado*

Luego, pensé sobre cada persona de mi familia e intenté crear un árbol genealógico del trauma. Desde luego, al árbol le falta todo tipo de información muy importante porque hay muchos traumas de los que la gente no habla abiertamente. Pero este árbol no tiene que ser perfecto para ser sanador. A continuación, intenté añadir tantos indicadores como pude sobre ello y pregunté a mis familiares si sabían de otros traumas experimentados por nuestra familia. Este proceso fue muy conmovedor. Aunque me planteé compartir mi árbol familiar eliminando los nombres, he decidido mantenerlo privado, ya que, incluso sin nombres, implica historias de otras personas que no me corresponde a mí compartir. Pero el objetivo de este árbol es servirnos de inspiración para romper los ciclos de violencia y trauma, en lugar de transmitirlos a la generación siguiente.

Thich Nhat Hanh habla a menudo de la cuestión de sanar a los antepasados. Cuando estuve en su comunidad, cada noche practicaban «tocar la tierra», una práctica dedicada, en parte, a los propios antepasados. Puedes reflexionar sobre algunas de las palabras de Thich Nhat Hanh viendo este vídeo: www.youtube.com/watch?v=2hg0CWwMvM8 &t=145s. («Tocar la tierra», de su libro *Felicidad*).

Cuando estuve en Plum Village, modifiqué esta práctica para que encajara en mi vida. Todavía no había elaborado mi árbol genealógico, pero hice lo siguiente: dediqué una caminata de sanación a cada antepasado. Era importante para mí tocar la tierra. En su libro *Felicidad,* Thich Nhat Hanh dice: «Al tocar la tierra, inhala toda la fuerza y estabilidad de la tierra y exhala para liberar tu apego a cualquier sufrimiento». La tierra es una sanadora eficaz. En cada paseo, hallé una piedra que pudiera sostener en mis manos para representar a uno de mis muchos ancestros. Caminaba despacio, pensando solo en ese antepasado.

* ¿Cómo ha sido tu vida?
* ¿Qué traumas has padecido?
* ¿Cómo veías a los otros miembros de tu familia?
* ¿A qué tenías miedo?
* ¿Quién te enseñó el miedo y la violencia?
* ¿Quién te hizo daño?

Desde luego, tenemos que preguntar también sobre lo positivo, pero empezar con sus traumas ayudaba a despertar y abrir mi corazón hacia ellos. Así pues, sin ningún plan concreto, simplemente caminaba. Formulando preguntas. Escuchando tranquilamente. A veces recorría décadas de su vida. A veces, inhalaba la fuerza y la estabilidad de la tierra y luego exhalaba los sufrimientos. Cuando descubría que mi mente se dejaba llevar por algún pensamiento que no guardaba relación con ello, simplemente dejaba de caminar. Cuando volvía a centrarme, daba otro paso. Esta práctica no tenía nada que ver con la distancia, ni con el tiempo; se trataba simplemente de caminar de una manera sanadora con mi antepasado. Cuando sentía que había terminado, tomaba la piedra en mis manos y me aseguraba de estar tocando la tierra: descalzo, sentado o echado bocabajo. Decía una plegaria: «Querido antepasado, sé que sufriste profundamente. Te bendigo y deseo tu bien. Suelto el sufrimiento que se ha transmitido de generación en generación para que nuestras generaciones futuras crezcan con compasión. Querida tierra, por favor, toma estas toxinas y conviértelas en flores». Luego, dejaba la piedra en ese lugar. Para mí era muy liberador. No quiero decir que esté libre de los sufrimientos transmitidos desde generaciones pasadas —de hecho, tengo una enfermedad genética—. Pero ahora siento también más compasión y una mayor felicidad. Eso no tiene precio.

El mundo está aprendiendo cada vez más acerca de los traumas generacionales. Estas prácticas me motivan y me dan fuerza para no transmitir el trauma a las generaciones futuras. Un concepto relacionado, pero muy poco explorado, es el de las bendiciones generacionales. ¿Cuáles son las bendiciones —las cosas buenas— que nuestros antepasados nos han transmitido? Pero este es un tema para otra ocasión. He mostrado cómo estoy intentando trabajar en la sanación con cinco generaciones. No tengo tiempo para quedarme paralizado y lleno de amargura por lo que las generaciones anteriores hicieron o dejaron de hacer. Sanar tiene que ver con soltar aquello que no da vida y hacer diariamente lo que pueda. Las prácticas sanadoras que funcionen para ti pueden ser muy distintas de las que funcionan para mí. Pero quiero que te atrevas a trabajar en la sanación de tus antepasados.

15

Jugar con niños

Durante las ceremonias de apertura de la Comisión Canadiense para la Verdad y la Reconciliación, asistí al círculo dedicado a los malos tratos y los abusos que habían tenido lugar en las escuelas residenciales dirigidas por las iglesias y el gobierno. Había allí una abuela anciana indígena. Llegó al círculo agarrada del brazo de una joven blanca. Cuando la abuela se levantó para hablar, todavía agarrada del brazo de la joven, dijo: «Estoy enormemente agradecida de poder recurrir a la energía y el poder de las generaciones más jóvenes. No conozco a esta mujer, pero he de aprovechar su poder para decir lo que tengo que decir hoy».

Para mí, los niños son justamente esto. Simplemente estar cerca de ellos me da energía, felicidad, alegría, amor y voluntad de vivir. Jugar con niños es un entrenamiento en atención plena que conduce al amor. Siempre me han gustado los niños, pero ahora su presencia tiene más significado incluso. En una reunión social, si puedo elegir entre jugar con niños o hablar con adultos, no dudo en elegir a los niños. Sí, para mí, este es el camino más fácil, pero es más que eso. Jugar con niños genera una energía nueva y refrescante. Cuando estamos cerca de un bebé, podemos sentir su mirada antes incluso de tocarlo. Al sentir su presencia, nuestra propia mirada se ablanda. Cuando sonríen, nosotros sonreímos en lo más profundo de nuestro ser. Es como si se estableciera un desconcertante entrelazamiento cuántico: percibimos lo que ellos perciben, aunque estemos a distancia.

Adoro a mis dos hijas adolescentes. Probablemente discuto más con ellas que con cualquier otra persona. Desde luego, cada una de las partes cree que la otra parte es la fuente de las desavenencias. Y ahora hay más ocasiones en las que me enfado, lo cual es tema para otro capítulo. Menciono esto aquí solo para decir que tenemos todos los altibajos propios de cualquier relación padre-hijo, y además tenemos que imaginar cómo relacionarnos con este elefante en la habitación llamado enfermedad de Huntington. Así que la vida es complicada. A veces nos alejamos los unos de los otros. Pero, de todos modos, las adoro. Disfruto con ellas. No puedo creer que procedan de mí. Cuando escucho a una de ellas reír a carcajadas con algún programa de Internet

—quizás incluso uno que yo no elegiría para ellas—, su risa, la mayor parte del tiempo, me produce una profunda alegría.

Tomar la decisión de tener unos hijos que pueden heredar una enfermedad traumática es polémico y ha de sopesarse cuidadosamente. De hecho, con la enfermedad de Huntington, algunos animan a no tener hijos. Cuando estuvimos en Estados Unidos y Rhona estaba embarazada, nos preguntaron si queríamos hacer el test a los dos fetos para ver si daban positivo en Huntington, en cuyo caso podríamos abortar. Dijimos que no. Ahora hay otras opciones, como implantar solo óvulos fecundados que no tengan el gen de la enfermedad. Comprendo el argumento. Si puedes evitar que este trauma se transmita de generación en generación, ¿por qué no lo harías? Pero, para mí, aceptar esa lógica supondría tener que concluir que sería mejor si yo no hubiera nacido, lo que implicaría que nuestras hijas tampoco estarían vivas (no sabemos si tienen el gen o no). Pero he amado vivir. Si mi vida terminase hoy, habría sido suficiente. E incluso sabiendo que vendrán años duros, todavía está bien. Me encanta que mis hijas hayan podido vivir la vida. Aunque sus vidas fueran segadas radicalmente, no lamentaría la vida que han vivido. Solo digo que estoy enamorado de mis hijas y profundamente agradecido por la vida que hemos tenido y seguimos teniendo juntos. Mis hijas me dan energía. Cuando veo cuán vivos están mis hijas y mis sobrinos, siento inmensas ganas de vivir con plenitud.

16

SER DESARMADO POR LA DICHA,

CON LUCY KALANITHI

De Lucy y Paul Kalanithi he de aprender cómo la dicha puede desarmarte. Paul murió en marzo de 2015, cuando tenía treinta y siete años. Neurocirujano y neurocientífico, que se convirtió en paciente cuando enfermó de cáncer y que pasó su último año escribiendo el libro *Cuando la respiración se convierte en aire*, que fue terminado por Lucy. Se han vendido más de un millón de ejemplares desde que se puso a la venta en enero de 2016.

Después de entrevistar a Lucy, di un largo paseo sobre el lago helado que hay cerca de mi cabaña. Yo lo llamo caminar sobre las aguas. Es aquí donde a veces puedo escuchar los susurros de la sabiduría. Impregnado de sus palabras, de pronto lo vi claro: esta es una historia acerca de ser desarmado por la alegría.

Lucy Kalanithi es médico. Graduada en la Universidad de Yale, es también escritora, madre, gemela, cuidadora, viuda y profesora en la Universidad de Stanford. Después de que su marido muriera de cáncer de pulmón, se aseguró de que su manuscrito se publicase, y escribió un epílogo. *Cuando la respiración se convierte en aire* ha estado en la lista de libros más vendidos en *The New York Times* desde que se publicó. ¿Había dicho que tiene treinta y tantos años?

Cuando la respiración se convierte en aire ofrece lecciones sobre el vivir y el morir con amor e integridad, y debería estar en la lista de lecturas imprescindibles de todo el que quiera bailar con elefantes.

Cuando hablé con Lucy, le pregunté por qué creía que se habían vendido más de un millón de ejemplares. ¿Qué es lo que hace que la gente se sienta identificada? ¿Qué les sorprende?

—El libro no trata solo sobre el morir. También trata acerca del vivir —dijo—. Paul contó su idea de que la vida no consiste en evitar el sufrimiento. La gente se ha sentido intrigada por nuestra decisión de tener un hijo cuando Paul era ya un enfermo terminal. Cuando tomamos esa decisión, le pregunté: «¿No crees que tener que decirle adiós a un hijo hará que la muerte sea más dolorosa todavía para ti?». Paul dijo: «Sí, así es, y ¿no sería fantástico?». Le estaba dando vueltas a la idea de que compatibilizar la alegría y la tristeza es una tarea para mucha gente. Realmente, es una tarea para todos nosotros, en un momento u otro de nuestras vidas.

Sé que esto es cierto. Cada vez que comparto mi historia, muchos desconocidos me dicen que conocer mi experiencia con una enfermedad terminal les ayuda a hacer frente a las sorpresas de la vida. La fuente de sus dificultades es distinta de la mía. Ellos combaten con la soledad, la desorientación de la edad, el cuidado de un padre con demencia o incluso la vida con sus hijos. Y sin embargo sentimos una conexión que trasciende nuestras situaciones. Creo que estamos conectados porque estamos descubriendo una buena manera de compatibilizar la dicha y el dolor.

Lucy y Paul parecen haber aprendido lo liberador que resulta no intentar evitar a toda costa el sufrimiento. Que la libertad consiste en vivir plenamente —no abandonando, no meramente pasando el tiempo, no retirándose de la vida—. La libertad de vivir plenamente es la disponibilidad para experimentar una alegría profunda, aunque pueda estar mezclada con sufrimiento.

Cuando profundizamos en nuestra conversación, Lucy me dijo: «No creo que Paul muriera sintiendo que lo perdía todo. Paul murió sintiendo que lo había tenido todo». Irradiaba esa clase de alegría vital que no pide nada más. Paul trabajó en su manuscrito hasta un par de días antes de su muerte. Sus últimas palabras en el libro iban dirigidas a su niña recién nacida, Elizabeth Acadia. Esas palabras expresan vívidamente esta alegría profunda, radiante, que no necesita nada más. Lucy me las recitó. Son las siguientes:

> Cuando llegues a uno de esos muchos momentos de la vida en los que tienes que dar cuenta de ti misma, proporcionar un libro de cuentas de lo que has sido y hecho, y lo que has significado para el mundo, no olvides, te lo ruego, que has llenado los días de una persona moribunda con un estado de alegría, un gozo desconocido para mí en mis años anteriores, un gozo que no busca más, sino que permanece, satisfecho. En este momento, justo ahora, esto es algo extraordinario.

Paul fue desarmado por la dicha. La dicha resultó vencedora porque él estaba dispuesto a degustar el gozo, aunque conduzca a un gran sufrimiento al morir. Y, para su sorpresa, halló un pozo de alegría que lo saciaba tanto que nunca más volvió a tener sed. Su gozo procedía de la contemplación de otro ser humano en quien se complacía enormemente. Quienes bailan con elefantes tienen que practicar diariamente el contemplar a otros para quienes, en su misma situación, el gozo inextinguible es un efecto secundario.

Me parece que para Lucy el triunfo de la dicha tomó un camino muy distinto. La dicha que desarmó a Paul, Elizabeth Acadia, está ahora en esa difícil época que son los dos años. Mientras Paul descansa y se funde con la tierra, Lucy y su hija hacen frente a la vida sin él.

Lucy me contó una historia que me parece que arroja luz sobre la manera, diferente pero similar, en la que la dicha la ha desarmado a ella. El Día de los Difuntos es una celebración mexicana indígena (equivalente al Día de Todos los Santos en el catolicismo), que Lucy decía que no quería malinterpretar, pero que hallaba muy impresionante y muy útil.

Esta es su historia:

—Al año de morir Paul, estuvimos en el cementerio en el que está enterrado. El lugar es realmente hermoso, con vistas al océano Pacífico. El Día de los Difuntos, el cementerio es un lugar activo de duelo, celebración y participación. Tienen esas tiendas para pintar la cara de los niños y calaveras de azúcar que pueden decorarse. Tienen una banda de mariachis y también una camioneta-taquería mexicana. Resulta muy chocante ver algo así en un cementerio, con todos los colores y las flores de papel. En ese ambiente se puede producir una intensa yuxtaposición: estábamos comiendo tacos mexicanos al mismo tiempo que visitábamos la tumba de Paul, con todos esos niños alrededor (y estoy siendo literal). Me sentí fiel a mi nueva forma de celebrar la vida después de su muerte. La pena, la pérdida y su recuerdo, así como el dolor de perderlo, se mezclaban con mi constante amor hacia él y la vida misma con todo su colorido. Todo estaba unido. Me encanta esa fiesta.

Esa alegría de Paul, capaz de desarmar a cualquiera, era una alegría basada en la vida de otro. Para Lucy, la alegría procede del hecho de ser capaz de ver la extraña mezcla de colores de la vida y responder a ella. La vida no se ha desarrollado según los sueños y las esperanzas de Lucy. Pero no está amargada ni enfadada, ni siente que la vida sea injusta. De hecho, es muy agradable estar con ella. Yo creo que también ella ha sucumbido a la alegría. Ha sido desarmada por la dicha de poder ver la vida como realmente es, lamentarse por lo que merece ser lamentado y celebrar los ricos colores de la vida, a veces al mismo tiempo. Es un corazón cuya puerta está abierta. Cuando la dicha te desarma, puedes ver el dolor de la vida con ojos compasivos y seguir sonriendo.

Lucy me recuerda uno de mis poemas favoritos de Thich Nhat Hanh, «Por favor, llamadme por mis verdaderos nombres». Esto es solo el final del poema:

Mi alegría es como la primavera, tan cálida
que hace que las flores florezcan en toda la Tierra.
Mi dolor es como un río de lágrimas,
tan amplio que llena los cuatro océanos.
Por favor, llamadme por mis verdaderos nombres,
para poder escuchar mis gritos y mis risas a una,
para que pueda ver mi alegría y mi dolor a una.
Por favor, llamadme por mis verdaderos nombres,
para que pueda despertar
y pueda quedar abierta
la puerta de mi corazón,
la puerta de la compasión

Este poema es mi oración para todos los que bailan con elefantes.

En el vídeo que grabé con Lucy, ella explora el amor que no juzga, la ruptura de normas, el cuidado de un enfermo en sus últimos días de vida, la metáfora de la batalla, la complejidad del matrimonio y la enfermedad terminal, así como varias herramientas de mindfulness.

Cuarta parte

HABLA AMOROSA Y ESCUCHA PROFUNDA

17

RECHAZAR LA LUCHA

Luchar contra la enfermedad me parece una mala idea. La idea de que librar una batalla contra mi cuerpo conducirá algún día a la salud me resulta algo descabellado. ¿Por qué deseamos la guerra en alguien que sufre ya una enfermedad? Cuando me dijeron que tenía una enfermedad terminal, las reacciones de mis amigos fueron elocuentes. Sé que estaban conmovidos y que tenían un deseo profundo de que no me viera obligado a recorrer este camino. Muchos de ellos decían cosas como:

- «Combátela».
- «Halla el modo de liberarte de ella».
- «Podemos combatirla juntos».
- «Utilizaremos todas las armas a nuestra disposición».

Hablaban desde el corazón, y tomé sus palabras como un gesto de solidaridad. Pero ahora, a medida que sigo en este camino que algunos denominan enfermedad crónica y fatal, las miro retrospectivamente y veo que están llenas de metáforas militares. Incluso los profesionales de la salud hablan en el idioma de la violencia:

- «Una proteína mal configurada está invadiendo tu cuerpo».
- «Esperemos que la investigación elimine la enfermedad».
- «Quizás destruyendo las células cancerosas...».

¡Qué extraño! Justo cuando necesitaba ayuda para recorrer un camino de conciliación, la gente que me rodeaba se inclinaba hacia el lenguaje de la guerra y la violencia. Ahora bien, no es algo exclusivo de mis extraños amigos (aunque son extraños). Este lenguaje de la violencia está omnipresente en nuestras comunidades. Pero algo en mí sabía que estas metáforas guerreras no me ayudarían en mi camino de sanación.

Quienes aprenden a bailar con elefantes tienen que practicar la escucha profunda. No todas las voces que hay a nuestro alrededor nos orientan para vivir de un modo reconciliador y sanador. A veces incluso las voces de los amigos y de los profesionales sanitarios, aunque no lo pretendan, nos empujan hacia un sendero que no puede conducir a la salud.

Este capítulo se centra en el entrenamiento mindfulness de la escucha profunda: escuchar lo que yace bajo la superficie, escuchar para distinguir entre lo que puede conducirte al buen vivir y lo que te aleja de esa posibilidad.

Hice una pequeña búsqueda *online* para ver qué se cuece sobre esta perspectiva «guerrera», tan extraña como generalizada, sobre la enfermedad y el morir. Lo mejor que encontré fue un artículo en el *Atlántic*, titulado «The Trouble with Medicine's Metaphors» [El problema con las metáforas de la medicina], de Dhruv Khullar, médico residente de la Facultad de Medicina de la Universidad de Harvard. Tras revisar la investigación sobre el tema, concluye que las metáforas militares podrían causar más perjuicios que beneficios. ¡Qué eufemismo! He aquí siete razones por las que me niego a *combatir* mi enfermedad (o utilizar el lenguaje de la guerra para hallar el camino del amor):

1. COMBATIR MI ENFERMEDAD ES UNA BATALLA PERDIDA

Con la enfermedad de Huntington hay cero posibilidades de «ganar la batalla». Lo mismo es cierto en el caso de cualquier enfermedad fatal. No quiero alarmarte, pero todos nosotros estamos en el mismo barco, ya que la vida es una condición fatal. Todos «perdemos la batalla» en algún momento. Se supone que todos luchamos, pero ¡todos somos perdedores! ¿Qué sentido tiene esto? Hasta la teoría bélica dice que una guerra no puede ser justa si no hay posibilidad de éxito. Esta es una guerra que no tendríamos que luchar.

Si la elección es entre ganar o perder la batalla, yo estoy perdiendo la batalla. Pero rechazo esa elección.

No quiero emplear mi limitada energía luchando contra algo. Quiero disfrutar del camino.

2. COMBATIR LAS ENFERMEDADES NO FUNCIONA, NI SIQUIERA PARA LOS QUE GANAN

Quienes «ganan» la batalla contra la enfermedad a menudo se siguen considerando perdedores. A medida que cada vez más personas «sobreviven» al cáncer, algunos de los «supervivientes» rechazan esa etiqueta. Sienten que ese término no arroja luz sobre las muchas maneras en que todavía están afectados por el cáncer y su tratamiento. La prima de mi mujer es una de esas personas. De hecho, está trabajando en un manual para apoyar a la gente que ha sobrevivido al cáncer pero no ha podido volver a su nivel anterior de funcionamiento. Sobre este tema está surgiendo más información. La investigación de Livestrong muestra que el noventa y ocho por ciento de los supervivientes de cáncer siguen experimentando problemas físicos, emocionales y prácticos. Y sin embargo no reciben ayuda para sus necesidades. Incluso en las guerras reales, hallamos que los soldados que «ganaron» la batalla tienen índices altos de suicidio, trastorno de estrés postraumático, depresión y violencia doméstica. Si eso es ganar la batalla, yo no lo quiero.

3. LA ENFERMEDAD ES UNA GUERRA SIN ENEMIGO

Los estudios médicos muestran que quienes se acercan a su enfermedad como a un «enemigo» tienden a mostrar niveles elevados de depresión y ansiedad, y una menor calidad de vida que quienes le atribuyen un significado más positivo. Tienden también a declarar grados más altos de dolor y menor capacidad de mejoría. Yo solía enseñar a los constructores de la paz cómo reducir el número de enemigos, en primer lugar no cultivándolos y en segundo lugar amándolos. ¡Para mí es notable ver ahora cómo los científicos médicos afirman lo mismo de la salud! Los enemigos no nos sientan bien. Si tengo que combatir mi enfermedad, convierto a mi cuerpo en un enemigo. No, gracias.

4. COMBATIR MI ENFERMEDAD ALIMENTA EL RECHAZO

«Tu madre llevó la negación a un nivel totalmente nuevo». Estas palabras fueron pronunciadas por alguien de mi equipo de seguimiento de la enfermedad. Para mi madre esa era su única herramienta. A quienes estábamos a su lado, esta negación nos creaba un enorme sufrimiento. Juré no repetir ese patrón. Con el paso del tiempo, he desarrollado un olfato para percibir la negación. He aprendido que tengo que ser cuidadoso cuando la gente me dice que debería liberarme de esta enfermedad. Intento recibir estos comentarios como deseos piadosos, pero si me dejo llevar, puedo empezar a pensar… Quizás haya un modo de acabar con ella. Quizás alguna oración, alguna acción, alguna ciencia… pueda librarme de ella. Para mí, el camino de la negación deja un espacio vacío en el que la miseria puede crecer, especialmente en quienes me rodean. Si intento creer que no tengo la enfermedad o que puedo eliminarla, presto menos atención a vivir cada instante con cuidado. Para mí, la imagen de la batalla alimenta la negación. Y creo que esto es muy peligroso para mi familia.

5. EL CONCEPTO DE *COMBATIR* LA ENFERMEDAD ESTÁ INSPIRADO POR UNA VISIÓN DEL MUNDO VIOLENTA, MACHISTA, PATERNALISTA

Poco después de que Justin Trudeau fuese elegido primer ministro de Canadá, le preguntaron por qué su gabinete ministerial tenía el mismo número de hombres y de mujeres. Él respondió, y su respuesta fue aclamada por la multitud: «Porque estamos en 2015». Del mismo modo, yo creo que ha pasado el tiempo de hacer las cosas con la violencia, la opresión y la discriminación de nuestra cultura. Hay algo en el modo de ser europeo-caucásico que ha permitido que la violencia y la opresión afecten a todos los aspectos de nuestras vidas: en medicina, en política, en teología y en criminología. «¡Oh sí!, hallemos el problema y echémoslo a patadas», «¡Oh sí!, matemos al indio que hay en el niño», «¡Oh sí! Dios pide castigo con sangre», «¡Sí, sí! Lo que los criminales necesitan es más dolor y sufrimiento».

Recientemente, Canadá puso en marcha una Comisión para la Verdad y la Reconciliación. Acordamos trabajar para atajar el problema de raíz, eliminando incluso la imaginación que inspira la forma monstruosa en que nos relacionamos con los pueblos indígenas. El camino de reconciliación tiene que incluir la exploración de cómo la opresión violenta impregna todas las áreas, incluyendo la medicina, la política, la teología y la criminología. De modo que hay que preguntarse cómo podríamos abordar la medicina, y nuestra propia enfermedad, desde el nuevo enfoque que surge tras reconocer la verdad y emprender la reconciliación. Tenemos que abandonar el enfoque médico de «encontrar al enemigo y matarlo». Tenemos que abandonar la medicina inspirada en la violencia. Combatir mi enfermedad no es para mí. Mis esperanzas están puestas en abrazar el polvo.

6. COMBATIR LA ENFERMEDAD ES COMO PONERSE UNA VENDA EN LOS OJOS

Se han concedido premios Nobel a científicos por rechazar una concepción estrictamente mecanicista de la vida. La metáfora de la máquina era una enorme venda para ellos. Al quitarla, pudieron realizar progresos revolucionarios en campos como la neurociencia, la física cuántica y el liderazgo organizativo. Del mismo modo, nuestra creencia en la necesidad de la violencia nos ciega a la sabiduría antigua y a la sabiduría venidera. Perdemos de vista la sabiduría de otras tradiciones. Yo me estoy quitando la venda de los ojos para buscar la sabiduría allí donde se encuentre.

7. COMBATIR MI ENFERMEDAD NO ME AYUDA A PRACTICAR NI EL HABLA AMOROSA NI LA ESCUCHA PROFUNDA

Quienes estamos intentando practicar la palabra amorosa y la escucha profunda sabemos que el camino de la violencia no conduce al camino de la sanación, especialmente en situaciones en las que ya existe el potencial para la violencia. El aumento de la agresividad es un síntoma muy frecuente en el Huntington, sobre todo para los varones en la primera fase de la enfermedad. La incidencia de violencia doméstica en las familias con Huntington es mucho mayor que la media. Hasta el momento yo no he caído en ello. Pero este aumento de la agresividad no es exclusivo de esta dolencia. Es muy frecuente en muchos casos de salud mental y estados crónicos. Si hemos de dejar de traumatizar a nuestras familias con las consecuencias de la violencia y la agresividad, tenemos que dejar de promover la violencia como método para hacer frente a la enfermedad.

En lugar de decirme que la combata, pregúntame cómo van las cosas, practicando el habla amorosa o la escucha profunda. Necesito este entrenamiento plenamente consciente para proteger a mi familia.

Espero haber dejado claro que la metáfora de la batalla me parece completamente inútil. Bailar con elefantes me parece una metáfora mucho mejor, y nos permite permanecer con aquello que tememos, sin añadir más violencia a la ecuación. Tenemos que hacer todo lo posible para evitar el camino de la violencia. Cultivar la escucha profunda, el habla amorosa y un gran sentido del humor puede ser de gran ayuda. También necesitamos el apoyo de nuestros amigos, familias y profesionales de la salud para evitar el camino de la violencia, mientras al mismo tiempo cultivamos un camino más sanador.

18

Dar nombre a tu propio camino

Una noche, hace ya varios años, cuando estaba llevando a la cama a una de mis hijas, que entonces tenían nueve años, ella me miró y me preguntó:

—Papi, ¿por qué la llaman enfermedad de Huntington?

Yo respondí:

—¿Cómo crees que tendrían que llamarla?

Ella dijo:

—Enfermedad de Huntington suena demasiado terrible. Tendrían que llamarla explosión de estrellas.

En ese momento, me incliné hacia ella y le dije:

—Bueno, si la llamasen explosión de estrellas, ¡todo el mundo querría tenerla!

Nos reímos mucho. Siendo tan joven, mi hija conocía ya el poder de reivindicar el derecho a dar nombre a nuestra propia experiencia, a pesar de lo que los médicos pudieran decirnos. No era la primera vez que aprendía esta lección.

Dar nombre, si se hace de manera adecuada, constituye un entrenamiento en atención plena, hasta ahora descuidado e infrautilizado, que les vendría muy bien a los que bailan con elefantes. Es una forma de habla amorosa que surge de la escucha profunda.

ME LLAMAN VIOLACIÓN

Hace años, una víctima de abusos sexuales me dio una lección parecida acerca del poder de dar nombre. Un poema de Rob Baum comunica con gran intensidad cómo el hecho de dar nombre crea y define la experiencia. He aquí solo dos versos:

Me llaman «caso de violación»,
pero yo digo que no soy el «caso», soy quien lo padeció.

El sistema de justicia penal comienza dando nombre al daño según sus propios criterios y no según la experiencia de la víctima. «Me llaman "caso de violación"». La víctima es dejada de lado, o como el poema de Baum sigue desarrollando, «transcrito cuidadosamente para dejarme dormir en un archivo [...] ya soy material de libros de texto».

A veces me siento como una víctima dejada de lado, a la que se coloca una etiqueta y se la objetiva, y lucho para hallar un espacio desde el que definir mi propia experiencia. No quiero que me consideren tan solo mi enfermedad. Quiero dar nombre a mi propia experiencia, más que adoptar las definiciones del campo médico. No estoy contra las ciencias médicas. Sé que, como muchos otros, me beneficio de ellas. No obstante, no deseo que se me robe esta importante tarea de dar nombre a lo que me está ocurriendo. Si mi hija conoce el poder deprimente de llamar a algo «enfermedad», yo no debería pensar que puedo ignorar este hecho sin provocar más daño.

LAS PRIMERAS TAREAS SAGRADAS

En los textos sagrados cristianos de mi propia tradición, las primeras tareas de la humanidad eran respirar, comer y cuidar la creación. Yo creo que estas prácticas sagradas se descuidan, especialmente en la mayoría de las tradiciones cristianas. Pero lo que cautivó mi imaginación fue la siguiente tarea sagrada. Según este relato de la creación, Dios ve que los humanos están aburridos, así que, para proporcionarles compañía, crea todos los animales salvajes e invita a la humanidad a darles nombre. No se trata de dar nombre para controlar o dominar. Es algo mucho más sagrado e íntimo. Dar nombre permite eliminar el hastío y el desinterés, porque al dar nombre reconocemos la conexión, la distinción y la compañía del otro. Yo creo que esto se parece más a la manera de nombrar a mi amante que a la manera en que un señor puede nombrar a sus súbditos. Quizás este nombrar amoroso debería ser una práctica fundamental en nuestra vida. ¿Cómo sería la vida de una comunidad, o incluso de una persona, si estuviera constituida por estas tareas sagradas: respirar, comer, cuidar la creación y nombrar amorosamente?

Si tuviera que adivinar cuáles son las lecciones del relato de la creación para mí, creo que reivindicar el derecho a nombrar amorosamente mi propio camino y mi propia experiencia es muy importante. El hecho de llamar «enfermedad» a lo que me ocurre podría apartarme de mi comunidad: «Él no es normal, no es como nosotros». Ser etiquetado como enfermo genera incomodidad en las relaciones afectivas. En el relato de la creación, en mi tradición, aspectos como el aislamiento, el desinterés, la separación de la comunidad y la falta de compañeros amorosos son todos ellos parte del problema porque no nos orientan hacia un modo saludable de vivir en comunidad.

¿EN QUÉ TRABAJAS?

Todavía no he encontrado una buena respuesta a esta pregunta. Generalmente le digo a la gente que tengo una discapacidad duradera, irreversible; a veces les digo que era profesor universitario. La mayoría de ellos responden lamentándose, mostrándose confusos o a veces con conmiseración. No los culpo por ello. Es como si cayeran en una trampa. Una de las preguntas clave que formulamos para conocer a alguien es preguntarle por su trabajo. Pero ¿qué pasa con quienes no podemos trabajar? A veces me divierto al ver cómo la gente se avergüenza, o se siente incómoda, cuando hablo de discapacidad duradera e irreversible. Algunos incluso retroceden, quizás intentando protegerse por si lo que tengo es contagioso. Otras veces soy yo quien queda atrapado en mis propios sentimientos —es como si levantara un muro y quedase separado de la amistad—. La curiosidad es reemplazada por la lástima. ¿Qué voy a hacer con toda esta pena?

Entonces me doy cuenta de que decir que mi profesión es incapacidad duradera es como dejar que los otros me consideren un enfermo. Son marcos de referencia que parecen llevar a la pena, la desesperación y la desconexión. ¿Qué opciones tengo para enmarcarme de otro modo? ¿Cómo podría denominar mi situación de forma que me ayude a reconciliarme con ella? He aquí una opción:

Amigo nuevo:	Jarem, ¿en qué trabajas?
Jarem:	¡Bueno, es un poco complicado! Hace unos años me tocó la lotería.
Amigo nuevo:	¡Ostras! ¿Cuánto te tocó?
Jarem:	Un millón de dólares (esos son los gastos que genera mi discapacidad en un periodo de veinticinco

años, ¡un lapso de tiempo superior a la esperanza de vida de alguien con Huntington!).

Amigo nuevo: ¿Hacemos una fiesta?

¡La lástima es sustituida por la fiesta! Qué transformación. ¿Ganador de la lotería o discapacidad duradera? Mmmm...

Bueno, lo de ganar la lotería tiene su parte de verdad y además me gusta porque convierte un marco de discapacidad en un marco de prosperidad. Sin embargo, hay muchas cosas que no me agradan respecto a esa respuesta: reduce la vida al dinero, niega el difícil camino que tengo por delante y no ayuda a que la gente que me rodea se embarque en el viaje en el que realmente estoy.

Todavía no tengo un nombre para este viaje. Para mí, de momento, bailar con elefantes funciona. Esta cuestión es profundamente personal. Tengo la esperanza de que cada uno de nosotros siga dando nombre una y otra vez al viaje de encontrar un camino más sanador.

19

Haciendo amistad con la oscuridad

Tu tío pasa la mayor parte del tiempo acurrucado
en la oscuridad, en una habitación silenciosa,
cubriendo su cuerpo con una gruesa manta.

He sido incapaz de quitarme de la mente esta imagen de mi tío, en las fases avanzadas de la enfermedad. ¿Cómo me preparo para ese futuro?

Una vez que decides abrazar la oscuridad, aparece un mundo diferente. Un mundo que encuentro más misterioso y más hermoso. La mayoría de las cosas de la vida comienzan en la oscuridad. Una semilla cae a la tierra y *muere*. Ahí empieza de nuevo la vida: en la oscuridad de la tierra. La luz es importante. No podríamos existir sin el sol. Pero la oscuridad también es importante. No podemos existir sin ella. Las plantas no pueden brotar. Los bebés no pueden nacer. Las personas no pueden dormir. La vida, tal como la conocemos, terminaría si no tuviéramos oscuridad. Si miramos la tierra o la matriz de una madre embarazada, vemos que necesitamos el abrazo cálido de la oscuridad para que la vida florezca.

Ahora, cuando pienso en mi tío, me doy cuenta de que quizás estaba volviendo al útero. En una posición fetal, encajado en la matriz de una manta, reposaba en la quietud de la oscuridad. La enfermedad de Huntington te hace volver a la infancia: las extremidades se mueven involuntariamente, eres totalmente dependiente. Algunos pueblos indígenas dicen que los ancianos tienen esta tendencia a volver a la posición fetal, y por eso caminan encorvados.

EXPERIMENTOS PARA ABRAZAR LA OSCURIDAD

He realizado algunos experimentos para ayudarme a volver a enmarcar el recuerdo de mi tío de una manera más positiva. He trabajado para reajustar mi aproximación a la oscuridad. Si quieres experimentar también con la oscuridad, aquí tienes una manera de intentarlo: siéntate en la oscuridad y en silencio completo durante treinta minutos. Si tienes que pensar en algo, piensa en el útero y en la tierra a la que vuelves después de la muerte. Tómate el tiempo que desees. Repítelo las veces que sean necesarias.

O túmbate en la cama en posición fetal, bajo las mantas, en completa oscuridad y silencio absoluto durante treinta minutos. Si tienes que pensar en algo, piensa en mi tío anhelando su oscuridad inmóvil. Repítelo cuanto necesites.

Hay algunas cosas que solo pueden experimentarse en el silencio y la oscuridad. Ahora me imagino de antemano sentado entre tinieblas. Es como si me envolviesen. Puedo sentir cómo se relajan los vellos de mi piel cuando reciben la oscuridad como si se tratara de una gruesa manta. Recibimos estímulos constantemente. Para mí, esa sobreestimulación es como un fuerte viento sobre la carne viva. Pero la oscuridad y el silencio se han convertido en buenos amigos míos. Puedo morar en la oscuridad. Puedo construir un hogar en la oscuridad. Puedo permanecer en la oscuridad. En esta quietud, hallo mi hogar.

Quizás ahora entiendo a mi tío. Bajo todo ello subyace un profundo anhelo de paz. Pero es más que un anhelo. Un anhelo indica la ausencia de algo. Quienes se han hecho amigos de la oscuridad y la quietud saben que mi tío descubrió un modo de experimentar la plenitud de la paz.

RECORDAR OLVIDAR ESTÁ BIEN

Un día perdí mi cartera —¡tres veces!—. Cada vez, desanduve mis pasos para intentar encontrarla. Una vez la encontré en el aparcamiento del Safeway. Debía de parecer que estaba buscando una bomba, corriendo por el aparcamiento mirando bajo los coches.

Otra vez la encontré en una pequeña tienda de comestibles. Uno de los empleados, que estaba fuera, apoyado en una valla cercana a la tienda, fumándose un cigarrillo, me vio buscando de coche en coche y me preguntó qué buscaba. Se lo dije. Señaló hacia un poste que había junto a la valla. Mi mirada se dirigió hacia allí y vi que alguien había colocado la cartera junto al poste. Agradezco que aún queden fumadores.

La tercera vez, la cartera se me había caído del bolsillo mientras conducía y había resbalado bajo mi asiento. Todo eso en el mismo día. No bromeo. No, nadie me quitó nada.

No solo tengo talento para perder carteras, también soy bueno perdiendo iPhones. Me parece que he perdido ya tres veces mi móvil, aunque no en el mismo día. Un par de veces, Rhona recibió mensajes de desconocidos, en los que nos decían dónde recogerlo. Estoy descubriendo que es una buena manera de encontrarse con los vecinos. Una vez, una mujer dijo que encontró mi móvil exactamente en mitad de la calle de la escuela primara del barrio, justo a la salida del cole. Una vez, lo perdí con la batería agotada. Después de dos días utilicé «Encontrar mi móvil» (una aplicación de Apple). Estaba en una tienda a la que había ido hacía días. Los empleados vieron que estaba sin batería y lo cargaron por si alguien intentaba localizarlo. Todas las veces se me ha devuelto en perfectas condiciones. ¡Ah, sí, otra vez lo dejé toda la noche bajo la lluvia! Ese murió. Ahora la norma de mi familia es que lleve el móvil más viejo que tengamos.

No estoy jactándome de nada, obviamente. Solo intento mostrar que recordar es una actividad diaria para mí. A veces tengo éxito. A veces no. Antes de tener la enfermedad de Huntington, perder la cartera me hubiera hecho enfadar y me hubiera arrojado a un bucle de reproches. Pero con el Huntington, mi visión de estas cosas ha cambiado. ¡Ahora, en lugar de enrabiarme, voy a visitar a mis amables vecinos!

En determinada fase, mis olvidos pueden poner en peligro mi salud, o la salud de los que me rodean (por ejemplo, dejando encendida una estufa). En ese momento, todavía creo que olvidar estará bien, pero necesitaré también confiar en mi comunidad de cuidadores cuando digan que es hora de hacer cambios en la disposición de la vivienda. ¡Dejo constancia en este libro para que en caso de que lo olvide, me podáis mostrar esta página!

Si voy a tener que trabajar con la rabia, la frustración y la ansiedad cada vez que olvido algo, no tendré tiempo de hacer nada más. No quiero que mis días estén llenos de rabia.

Así que si me ves hacer gestos extraños al salir de casa o caminar por la calle, o al salir de una tienda, quiero que sepas que no es lo que crees. Para intentar no olvidarme nada, me digo a mí mismo: «Recuerda la Santísima Trinidad». Entonces hago lo que podría parecer la señal de la cruz: cartera, llaves y móvil.

Cuando olvide algo, la mayoría de las ocasiones voy a ser amable conmigo mismo. Puedo sonreír y decir que sucederá más veces. Cuando otros olvidan cosas, les digo que formamos parte del mismo club.

Pero, para algunos, saberse olvidadizos es algo doloroso. Sé lo que es preguntarse si tus olvidos son un síntoma inicial de algo más grave. Para la madre de Rhona, parte de tener alzhéimer implicaba estar olvidándose todo el rato de cosas. Olvidar era una de las pocas cosas que se acordaba de hacer. Pero está bien. Habitualmente decía: «Debería acordarme». Yo siempre quería gritar: «Deja de decirte que "deberías" hacer esto o aquello. Tu cerebro no funciona». La memoria viene y va. Irónicamente, cuanto más enfadado o ansioso estás, peor funciona la memoria.

Así pues, sea lo que sea aquello a lo que te estás enfrentando —el envejecimiento, una enfermedad traumática o cualquier otro elefante—, por favor, comprométete a no llenar tus días con rabia, enloqueciendo a causa de tu memoria. Las personas que te rodean no necesitan tu rabia. Necesitan tu presencia amorosa.

RESPIRAR LA RABIA

La rabia es algo con lo que he de lidiar. Pregunta a mis hijas o mi esposa. Ellas saben que a veces me vuelvo loco y cuesta un tiempo calmarme. Para empeorar las cosas, la ira no ha sido, tradicionalmente, mi especialidad. Es en la última década y media cuando he tenido que luchar con ella.

El problema no es tanto la ira en sí misma como el fantasma de mi madre. Su fantasma nos persigue. No quiero decir que haya visto una versión de Casper, el fantasma de la película. Quiero decir que esa silueta vacía en que mi madre se había convertido todavía nos acecha. Si le preguntaras a Rhona qué es lo que más teme, a qué se parece su elefante en la habitación, te diría que lo que más teme es que yo llegue a ser como mi madre. O al menos la persona que ella conoció cuando estábamos casados, nueve años antes de que mi madre muriera.

A medida que su enfermedad avanzaba, empezó a enfocarse en aquello que la ponía rabiosa. Por ejemplo, cuando nuestras niñas nacieron, en 2001, mi madre se enteró de que le habían puesto a Sara el segundo nombre de la madre de Rhona y decidió que no era justo que nuestra otra hija, Koila, no llevara su nombre. Esto nos llevó a meses de suplicio a todos nosotros, ya que mi madre me dejaba veinticinco mensajes al día en mi móvil de trabajo, en los que me pedía que cambiásemos legalmente el nombre de nuestra hija.

Rabia + Fijación = Suplicio

A veces, tengo celos de la gente que me rodea y que no procede de familias con Huntington. Muchos de ellos se enrabian, pero no tienen que preocuparse por ser perseguidos por una madre con Huntington. Cuando estoy más lúcido, veo que la rabia es una toxina para todos nosotros, para los que tenemos esta enfermedad y para quienes no la tienen.

Con la esperanza de aprender más sobre cómo soltar las toxinas de la ira, comparto aquí las prácticas con las que he estado experimentando.

TIEMPO MUERTO PARA RESPIRAR

Solían ser nuestras hijas las que necesitaban tiempos muertos. Ahora soy yo. Me concedo a mí mismo tiempos muertos. Cuando empiezo a sentir que sube el calor interior, explico que necesito un poco de espacio y me subo a mi habitación. Esto no siempre resuelve el problema, pero me da tiempo para ganar perspectiva y respirar. A veces me echo de espaldas en el suelo e intento practicar la respiración consciente. A veces puedo relajarme e incluso disfrutar respirando la vida. Poco a poco, el gozo de la vida y la respiración tienden a disipar la ira. Otras veces, esto no funciona.

MANTRAS

Thich Nhat Hanh enseñaba a los miembros de su comunidad a utilizar mantras para recordarles cómo actuar con compasión en la vida cotidiana. Por ejemplo, antes de poner en marcha un coche, se supone que los monjes y las monjas han de decir: «Cuando el coche va deprisa, yo voy deprisa». Es una especie de recordatorio para actuar de manera responsable al conducir. Por cierto, al menos una de las monjas —la que nos recogió de la estación de tren— parecía ver este mantra como una invitación a ir alocadamente deprisa. Probablemente, los mantras funcionan mejor cuando los hace uno para sí mismo. Los míos han ido cambiando con el tiempo. En determinado momento, cuando me enfadaba con frecuencia, me propuse crear un mantra. El único que me venía a la mente era: «No devolveré mal por mal». Es una frase de las Escrituras cristianas que habla de no responder con violencia a la violencia. Para ser sincero, en parte me gustaba porque podía imaginar que quien me sacaba de quicio me estaba haciendo algo malo y yo iba a actuar mejor que él. Este mantra implicaba un juicio y desde luego no era ideal, pero me ayudó a atravesar malos momentos. Lo utilizaba para recordarme que no iba a añadir ira a la ira. Nunca lo dije en voz alta.

Estos son otros mantras que he utilizado a lo largo del tiempo:

- Tenemos cosas más importantes que hacer.
- ¿Cómo quieres que te recuerden las chicas?
- ¿Cómo podemos dejarnos guiar por el habla amorosa y la escucha profunda?

Estos mantras pueden ser útiles cuando actúan como campanillas que nos recuerdan que seamos amables con quienes nos rodean.

UNA CABAÑA CERCA DEL LAGO

Tenemos la cabaña hace poco más de un año. Ya sé que esto no resulta económicamente posible para la mayoría de la gente. Lo comparto porque ha sido fantástico para nuestra familia. Tenemos un lugar al que Rhona y yo podemos ir en un santiamén. En cuestión de un año, cuando nuestras hijas conduzcan, quizás también decidan que necesitan un oasis de belleza en el que puedan sumergirse para pasar una temporada de silencio, reflexión y oscuridad. Para mí, la quietud y la oscuridad en la cabaña es como sumergirse en bálsamos sanadores.

HAZ AQUELLO QUE TE APORTE ALEGRÍA Y AMOR

Todos necesitamos hacer regularmente cosas que nos llenen de alegría y amor. Si queremos ofrecer alegría y amor a otro, tenemos que generar un excedente de amor. Pregúntate a ti mismo y a quienes te rodean qué acciones generan alegría y amor en tu interior. Asegúrate de hacer esto regularmente. Todo el mundo será más feliz.

ESCUCHA LA SINFONÍA DE LA CREACIÓN

Sal al exterior. Percibe el viento. Toca el río. Encuentra un poco de césped. Permanece en presencia de los árboles. Todo eso puede hacer maravillas por ti.

RABIA Y PODER

Cuando fui por primera vez a conocer a Ovide Mercredi, un líder del pueblo *cree*, que había sido antes jefe nacional de la Asamblea de las Tribus Originarias, fuimos a dar un largo paseo para hablar, sobre todo para que él pudiera tantearme, para ver si nos llevábamos bien. Una de sus enseñanzas en ese primer paseo fue sobre la ira. Me contó que estaba trabajando con jóvenes indígenas para ayudarlos a superar su ira. Decía que tenían derecho a su rabia. La ira es una respuesta justa ante la injusticia. Pero lo que tenía que enseñarles era que cada vez que expresaban su ira públicamente, perdían su poder y su voz. El público ve «tan solo un indio enfadado», decía. Intentaba enseñarles a ver lo que subyace bajo la rabia, en una zona mucho más profunda. Sé que cuando me lleno de ira, también yo pierdo mi poder y mi voz. Rhona y las niñas a menudo creen que mi rabia es un síntoma del Huntington. Cada vez que expreso mi rabia, ellas no escuchan mis palabras ni mis preocupaciones.

Reflexionar sobre las conclusiones de Ovide sobre la ira me llevó a escribir este poema:

La libertad de no creerse con derechos

Debajo de mi sufrimiento se halla la ira.
Debajo de la ira, la impaciencia.
Debajo de la impaciencia, creerse con derechos
y las expectativas erróneas.

Creerse con derechos es el semillero
de las expectativas erróneas.
Esperar ahora lo que ahora no puede ser crea impaciencia.
La impaciencia borra el tiempo y la rabia se enraíza en la
sensación de injusticia por no poder vivir nuestras expectativas
Ahora.

La ira se desborda y genera sufrimiento,
el sufrimiento del pensar erróneo y
el sufrimiento de la acción errónea.
La presencia de este sufrimiento
riega las semillas de la ira, la impaciencia,
las expectativas erróneas
y creerse con derechos.
Y el ciclo de la violencia continúa.

Transforma la creencia de que tienes
derechos y un nuevo horizonte
surge en el momento presente.

A través de la ley de no creerse con derechos
podemos aceptar y disfrutar la muerte.
Quienes conocen que el universo no les debe nada son libres.
Uno se libera de un gran peso.
No tenemos derecho a nuestros derechos.
No son ellos los que nos hacen hermosos.

La flor sigue la ley de no creerse con derechos
No espera vivir sin fin.
No ve su propia muerte como una injusticia.

Al mirar la flor sabemos que moriremos.
No alimenta en nosotros las semillas de la rabia.
De algún modo, el sufrimiento disminuye
en presencia de la frágil belleza de la flor.

¿Cómo puedo vivir y morir
como la presencia de la flor?
¿Cómo abrazar el camino de aceptar que
nada nos pertenece por derecho?

Practicar el asombro durante la llegada del invierno, con John Paul Lederach

John Paul Lederach es uno de los estudiosos y practicantes más destacados en el campo de la resolución de conflictos y la construcción de la paz. Ha pasado toda su vida intentando ayudar a otros a caminar de un modo más constructivo. Hace ocho años, a su mujer, Wendy, le diagnosticaron párkinson.

En mi búsqueda de un modo más constructivo y amoroso de hacer frente a la enfermedad, necesitaba encontrar a alguien que comprendiera mi enfoque de la paz, el conflicto y el cambio, y que al mismo tiempo entendiera los retos y los dones de una enfermedad larga, lenta y progresiva. Supe que tenía que buscar a John Paul, quien fue uno de mis profesores preferidos cuando estudié el máster en la Eastern Mennonite University, en Virgina. Cuando le diagnosticaron a Wendy el párkinson, yo estaba tratando de asimilar que tendría Huntington. Hay ciertas similitudes entre ambas enfermedades, entre ellas el lento declinar hacia la muerte, que puede durar unos veinticinco años. Quería saber qué estaban aprendiendo ellos sobre hacer frente a la enfermedad.

John Paul es autor de más de veinte libros sobre resolución de conflictos y construcción de la paz, entre ellos uno publicado por Oxford University Press. Lo que me parecía más interesante de él es que su trabajo lo llevó a lugares como Nepal, Filipinas, Colombia, África occidental, África oriental, Nicaragua, Irlanda del Norte y España. A menudo permanecía en esos lugares durante décadas. Es una persona modesta, simpática y profundamente curiosa que no huye de las complejidades de la vida. Hasta tiene sentido del humor. Por ejemplo, le gusta señalar que se había especializado en los conflictos de la parroquia pero era demasiado duro, así que se pasó a los conflictos armados de larga duración.

A su mujer la conocí solo a distancia. Wendy cofundó una tienda minorista de comercio justo en Harrisonburg y dirigía su propia línea de joyería; más tarde se asoció con artesanos de países en vías de desarrollo. Hasta donde yo sé, tenía una energía muy positiva y era una buena persona.

Me encantó cuando John Paul aceptó que lo entrevistase para mi serie de vídeos. Después de algunas palabras cálidas, entró de lleno en el tema. He aquí algunos fragmentos:

> La curva de aprendizaje más difícil que he conocido.
> Es como un nuevo paisaje por el que nunca has caminado.
> Llega a tu vida sin anunciarse.
> No es fácil.
> Es como si flotáramos en un mundo casi invisible.
> He fracasado amistosamente y ahora estoy todavía aprendiendo.
> He descubierto que mi pozo no era muy profundo.
> Esta no es una enfermedad fulminante, como a veces puede serlo el cáncer.
> Es como la llegada sigilosa del invierno.
> Es como una forma lenta de violencia, algo parecido al cambio climático. Todos sabemos que está ahí, pero como es lento y su desarrollo es a largo plazo, no nos damos por aludidos y no respondemos como deberíamos.

Me gustó escuchar estas palabras. No me alegro del sufrimiento de los demás, pero me tranquiliza la reflexión sincera y abierta. Mi profesor no pretendía tener todas las respuestas. No se tenía como el cuidador perfecto para Wendy, a pesar de que deseaba serlo.

El invierno había llegado a sus vidas. Y como en la serie televisiva *Juego de Tronos*, no sería un invierno breve. Ni siquiera todas las habilidades relacionadas con la paz y la resolución de conflictos podían alejarlo. Pero una de las cosas que John Paul y yo compartíamos es el convencimiento de que la paz es la mejor manera de luchar. La paz no es la ausencia de la tormenta. La paz no es un lugar tranquilo, idílico. Y la paz no mantiene el invierno a raya. Pero la paz es nuestra manera de superar lo que ocurrió antes de nosotros.

Hablamos de lo que era útil y lo que no, a partir de nuestro campo académico y desde nuestro compartido pasado menonita. John Paul añadió algo que habíamos observado: muchas de las prácticas de las comunidades de fe tienen lugar en contextos comunales. A quienes hacen frente a este tipo de enfermedad les resulta difícil estar en grupos grandes, así que los actos comunitarios ya no les sirven.

Y luego me ofreció una joya. A John Paul le encanta contar historias, así que aquí tenemos una tal y como él mismo la contó:

La fe tiene que ver también con un sentido del asombro que queda cautivado por el misterio del extraordinario don de la vida y del mundo en el que hemos nacido. A veces la naturaleza me ofrece eso. De modo que muchas de mis prácticas de fe han sido menos comunitarias y más relacionadas con una conversación profunda o a través de la dosis diaria del asombro vitamínico. Necesitamos una dosis diaria de la vitamina del asombro. Tendemos a ver el asombro como algo que experimentamos una vez al año. Nos vamos de vacaciones. Pero piensa en lo que hiciste esta mañana. Me dijiste que esta mañana caminaste sobre las aguas [caminé por un río helado con mi perro]. Eso me indica que eres una persona que cuida su dosis diaria de la vitamina del asombro. No sé por qué no lo consideramos una práctica fundamental. Para ser sincero, en el entorno de la congregación solo experimento este asombro reverencial cuando cantamos. Cantar juntos es algo que produce asombro, y siempre ha estado ahí. Al cantar, olvidamos todas nuestras diferencias, y eso ya es un fenómeno sorprendente.

Yo creo que uno de los grandes retos es no volverse insensible, cínico o amargado.

Cuando te refugias en la insensibilidad te limitas a mantener el dolor a raya —no quieres ser tocado por el sufrimiento—. El cinismo consiste en utilizar todo tipo de defensas para evitar profundizar en lo doloroso que esto es. Y la amargura viene cuando sabes lo doloroso que es y te dejas llevar por la rabia y el resentimiento.

No creo que haya muchos otros remedios para la llegada del invierno que la vitamina del asombro. Con la vitamina del asombro, todo se abre y revive. Cultivar el asombro es una forma de atención plena. El asombro está ahí, presente, en casi todo lo que nos rodea cada día, pero rara vez establecemos contacto con él.

Terminé la conversación sintiéndome esperanzado. No es una esperanza que surja de la ignorancia o de un pensamiento ilusorio. Hay una esperanza mucho más fuerte que surge cuando descubrimos que incluso quienes viven en el invierno hallan modos de disfrutar el momento presente. Puede que ir a la iglesia ya no funcione para mí. Sin embargo, John Paul apunta hacia la práctica de ver el asombro y responder a él cada día. Hasta yo puedo hacer eso.

Los correos electrónicos de Wendy siempre terminan así: «Cuando tropieces, incorpóralo a la danza». En cierto sentido, enseña a la gente la misma práctica de cultivar el asombro. No podemos evitar los tropiezos, pero si no estamos llenos de miedo, podemos hacer que el tropiezo forme parte de la danza. El asombro todavía se halla disponible entre los susurros del invierno.

En el vídeo que grabé con John Paul, él reflexiona sobre el regalo y el reto que supone aminorar la velocidad, convirtiéndose en un artista del cambio, evitando la impaciencia, alimentando la curiosidad constante, la escucha poética y el don de la presencia de calidad.

Quinta parte

ALIMENTACIÓN Y SANACIÓN

23

ACEPTAR LA DEBILIDAD

«No hemos sabido nada de ti desde hace seis meses. ¿Qué ha ocurrido? ¿Es que tu enfermedad te impide seguir escribiendo? ¿Cómo estás? ¿Estás bien?». Son preguntas que he recibido de mis amigos cuando están un tiempo sin saber nada de mí.

No lloréis por mí, amigos. He estado practicando la aceptación —más concretamente, aceptando mi debilidad y adaptándome a la visión en túnel—. Mientras allá afuera el éxito se sigue basando en la capacidad de acometer una interminable serie de multitareas, he estado (re)explorando el método de solo una cosa a la vez. El envejecimiento y mi enfermedad se han combinado para quitarme cualquier ilusión que pudiera haber tenido de ser capaz de realizar varias tareas simultáneamente.

En el «mundo normal» la gente tiene la expectativa de realizar varias tareas al mismo tiempo. Y se espera que hagamos lo que tengamos que hacer, al mismo tiempo que respondemos a oleadas de correos electrónicos, *posts* de Facebook, llamadas telefónicas, *tweets*, *newsfeeds*…

Pero he aprendido a inclinarme hacia lo que veo que es mi debilidad y lo que temo. Tengo una mente de una sola pista. Y lo celebro. Tengo un deseo ardiente, profundo, de centrar toda mi atención en una cosa hasta que la termine. En lugar de luchar contra esto, experimento con vivir de ese modo. He terminado un buen número de tareas importantes así: pintar nuestro apartamento, escribir un libro y un blog, retocar la cocina y revisar el suelo de madera. No obstante, para hacer esto, he tenido que ignorar todo lo demás. No contesto a los amigos ni a la familia. No pago los recibos. No limpio la casa. Evito todo ambiente social…

Para florecer, quienes bailan con elefantes tienen que aceptar la debilidad. Por tanto, voy a compartir contigo cuatro secretos para hacer frente a la visión en túnel (o a cualquiera de tus temores).

1. HAZTE AMIGO DE TU ENEMIGO

Los médicos especializados en la enfermedad de Huntington no hablan mucho de la visión en túnel, pero tienen su propia manera de hablar de esa experiencia. Se refieren a conductas compulsivas y obsesivas y a pensamientos invasivos. Dicen que los agujeros en los lóbulos frontales de mi cerebro hacen que algunas tareas importantes resulten más difíciles: organizar, priorizar, controlar los impulsos, la autoconciencia, la iniciativa y otro número interminable de actividades.

Pero creo que es una manera de ver mi vida que se basa en el miedo. El foco está en lo negativo, en la pérdida. Combatir esta pérdida es una batalla que nunca puede ganarse. De manera que, en lugar de eso, intento decirles a mis síntomas:

- No voy a tratarte como enemigo.
- Te conozco.
- Yo soy tú.
- Eres bienvenido aquí.

En lugar de tratar a mis síntomas como un enemigo invasor, trato de recibirlos como amigos. Hacerse amigo de los enemigos tiene que ver con alejarse del horizonte del miedo para que un horizonte nuevo, más sanador, pueda emerger. Cualquier cosa que temas, dirígete a ella, dale nombre, dale la bienvenida, y cambia el miedo por curiosidad compasiva.

2. PRACTICA REÍR CON TUS NUEVOS AMIGOS

El miedo nos lleva a luchar, huir o quedarnos paralizados. Pero esas no son maneras de construir amistades. Aprender a reír es, muchas veces, la mejor estrategia.

Se nos enseña a ver los aspectos negativos de nuestros síntomas. La práctica de reírte de tus síntomas lleva en una dirección diferente.

La risa crea un espacio lúdico para recibir bien a los nuevos amigos que te acompañarán en esta etapa de tu vida. Si luchase con la visión en túnel o huyese de ella, no tendría la capacidad de reírme de ella. Una vez decidí hacerme amigo de la visión en túnel, reír era una práctica necesaria. Lo mismo que me gusta hacer con mis otros amigos.

La visión en túnel es una compañera divertida. Aprende a verla y a responder riendo —no con la risa de la burla ni con la risa de la rendición, sino con la risa de quien ríe agradecido al reconocer la bondad de un amigo—. Por ejemplo, yo he utilizado la visión en túnel para completar este libro. Exige mucha energía y realmente no puedo concentrarme en nada más. Recientemente, recibí una llamada telefónica de mi compañía de seguros sobre el tema de mi discapacidad. De manera muy amistosa, el agente me dijo que en los últimos meses, no había devuelto ninguna documentación y eso me hacía correr el riesgo de perder mis beneficios, a menos que entregase el formulario inmediatamente. Le expliqué la cuestión de la visión en túnel y me disculpé. Dijo que podía esperar un mes. Yo le dije que mejor lo hacía ahora mismo, porque si esperaba un mes no habría manera de devolver el formulario. Reímos juntos. Colgué y comencé a llenar el impreso hasta que por el camino me distraje...

3. SACARLE BENEFICIO A LA DEBILIDAD

Quienes vamos perdiendo la cabeza a menudo tratamos de ocultar, enmascarar o controlar nuestros síntomas. Pero no pueden ocultarse. Para perder tu mente con estilo, apóyate en la debilidad. Pregunta a tus nuevos amigos qué pueden enseñarte.

¿Qué prácticas hacen que esta debilidad florezca con bondad?

La visión en túnel no me permite hacer varias cosas al mismo tiempo. Si la multitarea es mi única definición de éxito, siempre fracasaré. Necesito una nueva vara de medir.

La visión en túnel nos permite contactar profundamente con un punto del universo. Si el universo entero está presente en cada grano de arena, la visión en túnel no tiene por qué darse a expensas de una visión más amplia. La visión en túnel me permite estar en contacto con todo el universo estando realmente presente en un punto concreto.

4. PROTÉGETE, A TI Y A TU FAMILIA, DEL LADO NEGATIVO DE TUS NUEVOS AMIGOS

Parte del regalo que supone tener una enfermedad hereditaria es que puedes aprender cómo vivieron con ella las generaciones anteriores. Hablo no solo desde la perspectiva de alguien con una enfermedad, sino también desde la perspectiva de quien ha intentado ser un cuidador.

A mi madre le encantaba la visión en túnel y esto, a veces, tuvo un impacto devastador sobre quienes la rodeábamos. Cuando se centraba en algo, podía hacer pedazos cualquier cosa que se pusiera en su camino. ¿Recuerdas la historia del momento en que quería que cambiásemos el nombre de mi hija Koila y las veinticinco llamadas telefónicas al día?

Comparto esta historia para recordarme a mí mismo que si me hago amigo de mis síntomas, tengo que aprender a hacerlo de una manera que proteja a mis amigos y mi familia. En otras palabras, hacerse amigo de los síntomas tiene que ver con disolver el miedo, no con transferirlo a los que me rodean. A veces, cuando estamos llenos de miedo, lo transmitimos como un virus. Los que bailan con elefantes tienen que disolver el miedo. Mi madre sabía cómo utilizar la visión en túnel, pero no sabía cómo disolver el miedo. De ahí que, a menudo, intentase transmitírnoslo a mi hermano y a mí. Quienes bailamos con elefantes, tenemos mucho que aprender acerca de disolver el miedo.

24

CAER CONSCIENTEMENTE

PRACTICAR EL CAER CONSCIENTEMENTE

Paseando a mi perro en invierno, descubrí nuevos modos de caerme y producirme hematomas. Kobi y yo paseamos cinco minutos por la calle, alejándonos de casa, para llegar a uno de los ríos helados que atraviesan la ciudad. A Kobi le encanta correr libre por este parque en el que, extraoficialmente, puede estar sin atar.

Ahora bien, para representarte la escena, tienes que saber que la enfermedad a la que me enfrento es, en parte, un desorden del movimiento. Si no has visto a nadie con la enfermedad de Huntington, imagina a alguien con párkinson en todo el cuerpo, que además consumiera esteroides. Muchos movimientos erráticos, involuntarios. Yo estoy en las primeras etapas, pero la naturaleza de los movimientos involuntarios es tal que no puedo controlar mi cuerpo ni confiar completamente en él.

Así que puedes imaginar la visión tan divertida que a veces resulta al intentar caminar en la nieve y con hielo, tratando de agarrarse a un golden retriever. Cantidad de caídas. A veces da la impresión de que el perro y yo descendemos bailando claqué por la acera para diversión de nuestros vecinos. Me encanta danzar en ese entorno tranquilo, pacífico, del río helado, y si cuento con una pequeña audiencia que observe mi danza, mucho mejor.

Hace poco Kobi y yo nos hallábamos dando nuestro paseo matutino por el río sobre una superficie helada. Había también una ligera capa de nieve, lo que hacía que todo fuese todavía más resbaladizo.

Cuando llegamos a una parte del camino en la que el suelo era irregular, por supuesto, me caí. Caí hacia atrás y me golpeé el culo, los codos, la espalda y la cabeza. No estoy seguro de lo que dije mientras caía. Estoy tratando de aceptar el hecho de caerme. Si he de disfrutar la vida, tengo que descubrir cómo disfrutar cayéndome. Me he preguntado si caerme puede ser como una campanilla de mindfulness, que llama amablemente mi atención hacia el increíble regalo de la vida. Ese día, la caída fue dura. Me quedé quieto, solo, sobre el hielo. Escaneé mi cuerpo. Sentí que estaba bien. Permanecí en el suelo. Sabía que tenía que hacerme amigo del suelo. Maldecirlo no sería muy útil.

De modo que me quedé quieto y pensé sobre el regalo que es la vida.

En ese momento, un hombre con un perro bajó por el río y me vio. En un instante, mi caída consciente quedó olvidada. Me di cuenta de que me había convertido en ese extraño hombre que cae al suelo y no se levanta. ¿Qué le pasaba? Me inundaron los recuerdos de mamá con la enfermedad de Huntington. O, más concretamente, de gente hablando de mi madre. «Sí, la vi en el parque y tuve que ayudarla a levantarse de un banco de nieve», recuerdo que me decían. Y empecé a comprender cómo la veían: «¿Qué le pasa? ¿Quién se sienta en un montón de nieve? ¿Por qué no lleva calcetines? No debería estar fuera sola». Y comencé a ver cómo veía yo a mi madre: «¿Qué le pasa? ¿Por qué no se acuerda de ponerse la ropa adecuada antes de salir? ¿Qué pensarán los vecinos?».

Todos estos pensamientos inundaban mi mente mientas yacía en el suelo. Sin querer que me vieran como la gente veía a mi madre, sin querer que me mirasen como yo miraba a mi madre, me levanté de un salto.

Empecé a hablar conmigo mismo mentalmente: «Hazte amigo del suelo. Parezco tonto. Levántate del suelo. Ponte de pie y recobra el aspecto normal». Estoy seguro de que la peor manera de «parecer normal» es sentirte avergonzado y abochornado, y luego intentar forzarte a ser normal, sea lo que sea eso. De todas formas, eso no me impidió seguir intentándolo. Conocí a un vecino nuevo, Erwin. Era muy buen vecino. Amable a más no poder. Al principio, eso me molestó. Hizo que me sintiera profundamente incómodo. Es duro caer conscientemente, y más duro todavía hacerlo delante de otros.

CAER ESTANDO SOLO

En mi experiencia, caerse cuando no hay nadie alrededor es más fácil que caer en presencia de otros. Así que caerse estando solo es una buena manera de empezar esta práctica. Al principio, cuando me caía, aunque fuera estando solo, me enfadaba. Daba un puñetazo en el suelo y maldecía. Pero ahora me río al pensar que hacía eso. El suelo no hacía nada malo. De hecho, nadie hacía nada malo. Una de las cosas que he aprendido al aplicar la conciencia plena al hecho de caerme estando solo es que he de descartar cualquier idea de:

- Reprocharle a alguien mi situación.
- Considerarlo algo malo.
- Decirme «deberías» («Deberías haber hecho…»).
- Sentir remordimientos.
- Avergonzarme de mí mismo y de lo que esté haciendo.
- Sentirme culpable.

Para mí, estas ideas llevan al enfado y a odiarse a uno mismo. Tengo que descubrir maneras de caer que lleven al amor, no al odio. Si sigo odiando el hecho de caerme y sigo dando rienda suelta a toda esta rabia, me volveré irascible y odioso, y esto afectará negativamente a quienes están cerca de mí. He de aprender una manera de caer con atención plena que conduzca al amor.

Un modo inicial de trabajar en el caer con total atención es meditar sobre la imagen de mí mismo enfadándome al caer, hasta que empiezo a reírme. La risa es el proceso de soltar esa parte del yo que quiere aferrarse a lo imposible y vivir en un mundo sin causa y efecto.

El paso siguiente es escuchar tus voces interiores cuando caes. Prestarles atención. Preguntar de dónde vienen. Pregúntate si quieres darles tu poder a esas voces. Sigue en el suelo hasta que puedas decir sinceramente: «No culpo al suelo; no me culpo a mí mismo. Abandonando toda culpa, amo el suelo. Abandonando toda culpa, me amo a mí mismo». Tal vez estas palabras a ti no te funcionen. Halla tus propias palabras. Pero cada vez que caigas, utiliza la experiencia para aprender a amarte. Esto hará maravillas también en la gente que te rodea.

CAERSE EN PRESENCIA DE OTROS

Esto lo encuentro mucho más difícil. Como estudiante y como profesor universitario, llegué a ser muy bueno en el arte de impresionar a otros. Me sentía profundamente recompensado por este arte y me volví adicto a él. Es por esa adicción por lo que me duele cuando me caigo delante de alguien como mi amable vecino, Erwin. Quiero caerle bien, que me admire. Pero ¿quién admira a alguien que se cae continuamente?

Como humanos, no parece que nos guste caernos o desmayarnos. A veces incluso traumatiza a los transeúntes. No nos agrada ver a la gente perdiendo el control. Quizás la persona que se cae se asemeja a la persona que está muriéndose. Quizás nuestros cuerpos rechazan caerse como un mecanismo de seguridad instintivo para evitar percibir las situaciones que amenazan la vida.

Cuando me caigo y me quedo en el suelo, sé que no estoy en una situación que amenace mi vida. Pero otros no lo saben. Sé lo difícil que es para otros vernos perder el control, por eso nos levantamos lo más rápidamente que podemos, para facilitárselo.

En realidad, no soy más que un principiante en la práctica de caer conscientemente en presencia de otros. Encuentro difícil visualizarlo en mi mente y sonreír ante la situación. Todavía no me río. He de practicar mucho. Creo que puedo aceptar caerme delante de otros; esto disminuirá mi miedo y quizás también el suyo. El miedo llama al miedo.

Pero no sé lo que tardaré. ¿Qué debería haber hecho cuando mi vecino Erwin vino para ver si estaba bien, mientras yo yacía sobre mi culo en el río helado? ¿Hay maneras de utilizar este tipo de caídas en presencia de otros como una enseñanza que abra la puerta al amor? Yo creo que sí.

La próxima vez que me caiga en presencia de otros y me pregunten si estoy bien, espero seguir echado en el suelo y decir: «Sí, es que me estoy *enamorando**».

---

* En inglés enamorase es *to fall in love*, literalmente 'caer en el amor'. En base a esto, para referirse a sus caídas, el autor recurre a un juego de palabras difícil de trasladar al castellano.

25

Valorar tu vida

¿Cuánto vale tu vida?

Esta es la pregunta que un anciano sabio indígena me ha estado haciendo una y otra vez durante los últimos meses. Si la pregunta viniera de un planificador financiero, sabría cómo responder. Sabría cuál es el propósito que hay detrás de la pregunta. Pero este anciano sabio vive en la pobreza económica. En mi experiencia, los ancianos más sabios no hablan demasiado de dinero. Debe de referirse a otra cosa.

Cada vez que reflexiono sobre la pregunta acerca del valor de mi vida, me viene una respuesta: polvo, un grano de arena del universo. Al aprender a bailar con elefantes, he descubierto que tengo que mirar de frente a mis miedos y mi mortalidad. En el capítulo ocho,

«Aceptar que somos polvo», reflexiono sobre las palabras de Gandhi: «El buscador de la verdad debería ser más humilde que el polvo». En el capítulo tres, «Sustituir el miedo por amor», he esbozado una práctica de meditación sobre cómo los huesos se convierten en polvo. Así que mi respuesta puede que, en parte, sea porque he estado pensando sobre el polvo, pero creo que es más que eso. Para mí, el polvo es una clave para nutrirse y sanar.

Al decir que mi vida vale lo que el polvo, no estoy diciendo que no tenga valor. Para mí, el polvo es una de las cosas más valiosas de este mundo. La vida está hecha del polvo y vuelve al polvo, y de nuevo se convierte en vida. ¿No es eso maravilloso? Elimina el polvo y no hay vida. La vida se desmorona y va a parar a la muerte y la muerte a la vida. Lo que encuentro difícil no es la vida o la muerte. Más bien es el proceso —en el que toda la humanidad está embarcada— de desmoronarse.

Escribí el poema que viene a continuación en parte para lanzar un reto a mi propia tradición de fe, para que se tome el polvo más en serio. Lo escribí mientras volvía de un año sabático como parte de mi trabajo como profesor universitario. Ese año, había estado en Sri Lanka, Papúa Nueva Guinea e Israel, visitando comunidades que ponen en práctica la justicia restaurativa. Mi familia y yo habíamos vivido durante seis meses en Saturna, una isla aislada en la costa oeste de Canadá. Rhona y las niñas habían vuelto antes que yo a Winnipeg. Escribí este poema durante las veinticinco horas que tenía para regresar a casa. Sabía que mi carrera y mi vida profesional terminarían pronto, y me estaba preparando mentalmente, y preparando a mi familia, para el viaje que se abría ante nosotros.

En esta tierra sagrada (o volver a casa)

En esta tierra sagrada

no maldeciré tu nombre.

Fui creado para la vida,

fui creado para la muerte

y para ver cómo entre ambas todo se desmorona.

Cuando muera,

no permitas que los locos digan que me fui

ni que marché a un lugar mejor.

Morí.

Déjame volver a casa, a la tierra,

allí donde recogido en silencio

pueda volver al polvo

del que vine.

La muerte no es el reino del mal.

Allí donde el diablo y Darth Vader se alían,

la muerte es la consecuencia de la vida.

Y juntas son algo bueno.

En la tierra sagrada

pase lo que pase.

En esta tierra sagrada
no maldeciré tu nombre.
Fui creado para la vida,
fui creado para la muerte
y para ver cómo entre ambas todo se desmorona.

Mientras todavía viva,
no te dejes influir por los vendedores de fortuna
que prometen una vida mejor en otro tiempo o lugar.
Si queremos tocar el sagrado regalo de la vida,
no tenemos más que un punto de acceso:
cada instante presente en esta tierra sagrada.
Deja que vaya a casa, a la tierra,
donde rodeado de belleza
pueda aprender a amar y a soltar todo.
La vida no es un lugar del que huir,
en el que la tristeza y el miedo mandan.
La vida es un don sagrado
en esta sagrada tierra,
pase lo que pase.

En esta tierra sagrada
no maldeciré tu nombre.
Fui creado para la vida,
fui creado para la muerte
y para ver cómo entre ambas todo se desmorona.

No es vivir o morir lo que temo,

es el espacio entre ambos estados.

Sin vivir, sin morir,

suspendido entre ellos,

destruyendo todo lo que encuentro.

Cuando me encuentres desmoronándome entre los dos,

recuérdame que contemple las flores y los gorriones.

Admiramos estas sagradas bellezas

porque se marchitan y mueren.

Contempla las flores que mueren; no hay otro tipo de flores.

Su naturaleza destinada a marchitarse

es el modo en que han sido creadas.

Déjame ir a casa, a la tierra

en la que todos vivimos.

Déjame ir a casa, a esta tierra sagrada,

Esta tierra que muere, vive y se desmorona.

Pase lo que pase.

26

COMER COMO UN BUDA

Comer juntos es una de las cosas más sagradas. Compartir una comida es la expresión última de amistad y confianza. En todos los sucesos importantes recurrimos a la comida como telón de fondo. Los cumpleaños, las bodas, los funerales, los aniversarios, los eventos deportivos, las fiestas principales, los acontecimientos románticos..., comer juntos siempre forma parte de la celebración.

No es de extrañar que cuando trabajamos la nutrición, la sanación y la reconciliación, nos dirijamos hacia la comida. Si vas a una librería, podrás ver que la sección de libros de cocina es más extensa que las secciones sobre espiritualidad, o incluso que sobre negocios. Nos encantan nuestros libros de cocina. Quizás porque somos alimento. Ninguna célula de nuestro cuerpo existiría sin él.

Comer es una parte fundamental de bailar con elefantes.

Todos sabemos que la comida es importante. En lo que no nos ponemos de acuerdo es acerca de lo que conviene comer. Cada libro de cocina afirma ofrecer los menús más recomendables. Las dietas estrella son nubes pasajeras. ¿Cuál es, entonces, la opción más nutritiva y saludable para quienes bailamos con elefantes? En esta cuestión estoy dividido entre dos alternativas totalmente distintas.

OPCIÓN I – COME COMO UN BUDA GORDO

Me encanta la comida. Parezco un buda gordo, y comer como tal es algo que puedo compartir con total integridad. Come como si fueras a morir mañana. Saboréalo todo. Come como si estuvieras perdiendo la cabeza. Ahora bien, estoy de acuerdo en que esto podría no ser el mejor consejo para entrenarse en la atención plena, pero hay algo de conciencia en no obsesionarse con las cosas que no durarán doscientos años. Con toda probabilidad, tu peso no importará. Lo que elijas para comer este año probablemente no importará mucho en doscientos años. Nuestra familia intenta comprar alimentos de proximidad y orgánicos, pero no es fácil en una pradera canadiense que la mayor parte del tiempo está helada. Intentamos evitar las toxinas y consumir lo que alimenta.

En nuestra casa, tenemos una tradición de «noche de fiesta». Ponemos cualquier excusa para celebrar la vida. La noche de fiesta incluye buena comida, bebida y a veces invitar a algunos amigos o familiares. No esperamos a que haya un cumpleaños. La noche de fiesta puede tener lugar varias veces a la semana. Durante mi primer año de jubilación forzosa, decidí cocinar a mi manera un día a la semana, con la ayuda de un fantástico libro de cocina, e invitábamos a algunos amigos a que se uniesen a nosotros. Lo único que tenían que hacer era contribuir en la cuenta de la compra. Una vez a la semana, servía las mejores comidas que podía conseguir. Era muy divertido.

La vida es más rica cuando nuestra actitud básica es de reverencia, felicidad y amor. Ignoro cómo engordó el buda gordo. Pero probablemente no por comer una dieta mínima. Si tu actitud básica es celebrar, puedes convertirte, como yo, en un buda gordo. No es casualidad que al buda gordo se lo llame también el buda que ríe.

OPCIÓN II – COME COMO UN BUDA DELGADO

Este segundo modo es más difícil. Probablemente está más cerca de cómo piensas que yo debería comer. Cuando consideramos el comer como un entrenamiento en la atención plena, tenemos que preguntarnos: «¿Cómo podemos evitar las toxinas y comer de manera nutritiva y saludable?». Sé que ninguna dieta me va a librar de la enfermedad de Huntington, pero también sé que cuanto más sano estoy, todo es más fácil para mi familia.

Mis hijas comen como budas delgados. Hace un año que son veganas. Este viaje comenzó para ellas cuando se enamoraron de nuestro perrito (ver el capítulo diez). Por respeto y amor a los animales, decidieron hacerse veganas. Estoy orgulloso de ellas. No como del mismo modo, pero admiro su profundo compromiso para hacer que sus hábitos alimentarios sean coherentes con sus amorosas convicciones. Eso es fantástico.

Nuestras adolescentes gemelas dicen que Rhona y yo no seguimos ninguna dieta y saltamos de una a otra. Hay cierta verdad en ello. Estos son algunos de los libros de cocina que tenemos en casa, entre los que han sobrevivido a muchas rondas de purga:

- *Come grasa y adelgaza: por qué la grasa que comemos es la clave para lograr una pérdida de peso prolongada y un estado de salud más dinámico*, de Mark Hyman.
- *El protocolo Whals: cómo superé mi esclerosis múltiple progresiva con los principios paleo y la medicina funcional*, de Terry Whals.
- *The 4-Hours Body** [El cuerpo de cuatro horas], de Tim Ferriss.
- *Practical Paleo** [Paleo práctico], de Dianne Sanfilippo.
- *Mediterranean Paleo Cooking** [Cocina paleo-mediterránea], de Caitlin Weeks y Diane Sanfilippo.

---

* No publicada en castellano.

- *Recetas veganas fáciles y deliciosas*,* de Angela Liddon.
- *I Quit Sugar*** [He dejado el azúcar], de Sarah Wilson.

Y en el que estamos centrados actualmente:

- *Quick & Easy Ketogenic Cooking*** [Cocina cetogénica rápida y fácil], de Maria Emmerich.

Estos libros tienen algunas cosas en común. Disminuir o evitar el azúcar. Tomar grasas para dar energía al cerebro y las mitocondrias de las células. Evitar las comidas procesadas. Disminuir el gluten, los cereales y las legumbres. Tomar alimentos orgánicos. Si me ciñera a estas normas, probablemente me parecería más a un buda delgado. Quizás también sentiría y pensaría más como un buda.

¿Por qué estoy dividido respecto a esto? En primer lugar, no compro la idea de que «vivir la buena vida» significa vivir tanto como pueda. En segundo lugar, estas dietas tienden a ser muy caras y no son sostenibles para la mayoría de las familias. En tercer lugar, no es fácil cumplirlas cuando se come con más gente. No espero que otros cocinen para mí de manera distinta a como suelen hacerlo. Quiero compartir las comidas con los amigos y familiares. Si siguiera estrictamente

---

* Editorial Sirio, 2018.
** No publicada en castellano.

estas dietas, eso tendría un impacto sobre nuestras relaciones. En cuarto lugar, estas dietas dan trabajo y a veces simplemente prefiero opciones más fáciles.

Tengo que comer como un buda, pero todavía estoy investigando qué es lo que eso significa.

27

Desarrollar un plan de salud familiar

Al bailar con elefantes, tenemos que tener cuidado de que el elefante no se convierta en la atracción principal. Yo quiero bailar bien con mi enfermedad, pero también quiero que mi familia salga adelante. Estar demasiado centrado en mí o en la enfermedad podría hacernos perder el equilibrio rápidamente.

Crear un plan de salud familiar presente y futuro nos ha llevado a enfocarnos más en el amor que en el temor. Podemos planificar la vida que queremos vivir en lugar de esperar hasta el último minuto y entonces reaccionar desde el miedo.

La negación, esperar hasta el último momento y responder desde el miedo era algo característico de mi madre. Durante las transiciones, entraba en pánico, y demasiado a menudo tenía que elegir entre opciones que eran todas ellas malas. Cuando llegó el momento de dejar su piso e ir a una residencia de la tercera edad, se negó. Era incapaz de seguir limpiando, cocinando o tomando su medicación. También despedía a las personas que estaban allí para ayudarla a seguir viviendo de manera independiente en su casa. Así que nos vimos obligados a pasar por el proceso de tener que declararla incompetente. Ningún hijo quiere hacerle eso a un padre. Esa fue una etapa profundamente dolorosa de nuestro viaje. Recuerdo cuando estaba sentado en una esquina de su sofá, mientras el doctor le hacía unas preguntas básicas que ella no tenía capacidad para responder. El momento del día, el día de la semana, el año, el nombre del primer ministro, tres palabras que él le había pedido recordar... Al principio, mi madre pensó que lo estaba haciendo bien, pero al final hasta ella se dio cuenta de que no tenía las respuestas. Cuando el médico le explicó que tendría que ir a una residencia de ancianos, le dio un giro a su actitud, allí mismo, y dijo: «Está bien, entonces iré y lo convertiré en el mejor lugar posible». Yo estaba agradecido. Pero parte de la luz que había en mí se apagó ese día. Era un paso necesario en su cuidado, pero podría no haber sido tan traumático. Sé de primera mano, como cuidador, que ese plan de salud de última hora, en respuesta al miedo, era un modo terrible de vivir. Me prometí nunca hacerles eso a mis seres queridos.

Quiero trazar un camino distinto. Algunas decisiones serán muy duras de tomar para mi familia, cuando tengan que hacerlo por mí. Quiero implicarme en ello pronto para poder usar la sabiduría que ha surgido de estos entrenamientos en atención plena dirigidos a quienes bailan con elefantes.

He aquí lo que he hecho como parte de nuestro plan de salud familiar:

- Hemos creado un círculo de apoyo para repartir el peso entre más gente (capítulo doce).
- Hemos escrito nuestras voluntades.
- Nos hemos asegurado de que la familia esté protegida de mí, si comienzo a tomar decisiones financieras erróneas. Nuestra preocupación era qué ocurriría si Rhona muriese cuando yo tuviera más avanzado el Huntington. Yo me convertiría en el beneficiario de su seguro y sus beneficios, en un momento en el que podría tomar decisiones muy equivocadas. Establecimos que en tal caso el seguro pasaría a formar parte de su patrimonio, y hemos creado un patronato de confianza para que manejase el dinero para nuestras hijas y para mí.
- Hemos redactado un poder notarial para Rhona.
- Rhona se hizo una tarjeta de crédito independiente.

- Continuamos funcionando con un consejero económico y un contable para asegurarnos de que Rhona y las niñas tengan apoyo en el futuro.
- Trabajamos para asegurarnos de que nuestro hogar sea un oasis que nutra y sane. Tratamos de comprar comida orgánica y de comercio justo. Nuestros muebles son de madera natural. Cultivamos la belleza y evitamos el desorden.
- Hemos establecido que para mí será prioritario dormir mucho cada noche, aunque eso implique irnos a las nueve de la casa en la que estemos invitados.

Cuando un elefante entra en tu vida todo este entrenamiento es importante porque tenemos que mirar con claridad hacia el futuro y pensar cómo actuar con amor. Si todavía estoy lleno de miedo, me aferraré a aquello a lo que no debería aferrarme. Haré que la vida sea miserable para mí y para todos los que me rodeen.

Como bailarines con elefantes, tenemos que enmarcar nuestros principales asuntos futuros en un enfoque consciente que se halle enraizado en la reverencia hacia la vida, la auténtica felicidad, el verdadero amor, el habla amorosa, la escucha profunda y la sanación. Así todo será diferente para cada uno de nosotros. He aquí cómo esbocé mi plan de salud y las cuestiones que tengo que considerar:

- Quiero una familia feliz, y por tanto estoy contento de tomar cualquier medicación que necesite.

- Quiero que nuestra situación financiera familiar sea segura; por tanto, no tengo por qué estar implicado en las decisiones del día a día. Mi madre no respondía al teléfono porque muchos bancos la perseguían por las tarjetas de crédito que fundía en la teletienda, adquiriendo abrigos de pieles que nunca usó. Estoy contento de que haya alguien más al cargo de nuestras finanzas. Por primera vez, tenemos un gestor.

- Quiero que nuestra familia esté sana y feliz, así que cuando la limpieza doméstica se complique demasiado, pagaremos para que otros nos ayuden. Prefiero gastar algún dinero en eso, más que estar luchando constantemente por ver quién tiene que limpiar cada cosa.

- Quiero mantener a mi familia y mi comunidad a salvo. Mi coche no es más que un coche y no representa mi libertad. Me gusta conducir y nuestro último coche era automático, en lugar de manual, para poder conducir de manera segura durante mucho tiempo. Pero ¿cuándo es el momento de dejar de conducir?

- Por amor a mi familia, no quiero que tengan que encargarse de los cuidados diarios que necesitaré en las últimas etapas. Así pues, ¿en qué residencia quiero estar? Probablemente en la fase IV —generalmente entre los once y los veintiséis años desde el comienzo— necesitaré estar en un centro asistencial. ¿Cómo sabremos cuándo ha llegado el momento? ¿Cómo podemos hacer de ese cambio un acto de amor?

• Mi objetivo no es vivir todo lo que pueda. Así pues, ¿en qué momento es una buena idea no tratar los problemas de salud que vayan surgiendo? ¿En qué momento es correcto dar directrices para no ser alimentado por sonda, no ser reanimado?

No me entristece hacer frente a estos temas. Quiero disfrutar mi vida. También quiero que quienes me rodean disfruten de la suya. Por tanto, tengo que abordar estas cuestiones desde mi perspectiva actual. Para mí, es liberador. Cuando no hay miedo, hay espacio y libertad para explorar y vivir. Podemos desperdiciar la energía deseando vivir la vida de otro, pero la vida que tengo es la única que puedo vivir. No quiero malgastarla. Y tampoco quiero perjudicar a quienes me rodean. Todavía tengo mucho que vivir, amar y reír.

28

MANDELA Y EL CUIDADO DEL HUERTO

Que me diagnosticasen una enfermedad terminal agudizó mi visión. Como profesor, tenía cientos y cientos de libros. Me desprendí de todos, excepto de un puñado. Conservé unos cuantos libros extraordinarios que espero que me puedan proporcionar alimento mental y sanación en esta etapa de mi vida. Uno de esos libros extraordinarios es el de Richard Stengel *El legado de Mandela: quince enseñanzas sobre la vida, el amor y el valor.*

Siempre he sentido una profunda conexión con Nelson Mandela. Para mí, simplemente escuchar su voz y verlo en televisión eran experiencias profundas. El 11 de febrero de 1990 me salté la escuela y me quedé en casa para ver la liberación del hombre que estuvo veintisiete años en la cárcel y que se convertiría en el presidente de Sudáfrica y el líder del desmantelamiento del gobierno del *apartheid*.

Stengel ayudó a Mandela a escribir su autobiografía, *El largo camino hacia la libertad*. En el proceso, ambos se hicieron amigos. Cuando la investigación y la escritura del libro terminaron, Stengel dijo: «La impresión era como si el sol se fuera de mi vida». Su libro *El legado de Mandela* se convirtió en el más vendido en la lista de *The New York Times*, un libro que fue escrito para compartir con nosotros la sabiduría, la generosidad y la luz de Mandela. A mis alumnos de Estudios sobre la Paz y los Conflictos les exigía leerlo cuando impartí el curso «El arte de consolidar la paz».

Una de las muchas descripciones que para mí destacaban era la que Stengel hacía del huerto de Mandela. En los años setenta, Mandela comenzó a plantar y cuidar un jardín en la cárcel de Robben Island. En 1982, fue trasladado a la cárcel de Pollsmoor, donde creó un huerto de hortalizas en el tejado, utilizando bidones de aceite cortados por la mitad.

Stengel lo describe así:

- Mientras otros jugaban, Mandela cultivaba el huerto.
- Lo que cultivaba lo compartía con los prisioneros y los guardias.
- Calmaba su mente.

- Rodeado de muerte y decadencia, Mandela hallaba un lugar para entrar en contacto con la belleza.
- Cultivar el huerto era algo creativo que celebraba la vida.
- No era una retirada, sino una renovación, y le ayudaba a mantener vivo su trabajo al servicio de los demás.

¡Esas imágenes me parecen tan potentes! ¡En medio de la muerte, vida! A partir del abandono, belleza. De la miseria, felicidad. En el desprecio por la vida, amor. Entre el intento de aplastar el espíritu, sanación. Quizás por esto conservé el libro. Comparte habilidades aprendidas con dificultad que crean belleza viva incluso en los entornos más difíciles. El cultivo del huerto en el caso de Mandela no era el pasatiempo de un jubilado. Era más bien un entrenamiento potente y consciente por parte de quien se convertiría en un faro de amor, valentía y renovación.

«Tienes que encontrar tu propio huerto», le decía Mandela a Stengel. Nunca he olvidado esas potentes palabras. Cuando todavía trabajaba en la universidad, ayudé a instaurar un programa de verano intensivo llamado «Escuela canadiense para la consolidación de la paz». Venía gente de todo el mundo para enseñar y aprender maneras de favorecer la paz en el mundo. En el año 2014, decidimos que comenzaríamos un huerto

Mandela, en la Universidad Menonita de Canadá. Para mí, era una respuesta al consejo de encontrar el propio huerto. Utilizando el huerto de Mandela en la cárcel de Pollsmoor como modelo, cortamos un viejo bidón de aceite por la mitad y lo llenamos de tierra. Ese año, en la apertura del programa de la Escuela Canadiense para la Consolidación de la Paz, explicamos cómo los bidones de aceite podían considerarse un símbolo de la guerra, los daños causados y la codicia. Les dijimos a los constructores de la paz que necesitábamos su ayuda para transformarlo en símbolo de la vida, el amor y el compartir. Cada constructor de la paz ayudó a plantar las semillas para comenzar nuestro huerto Mandela de la paz.

Cuando recuerdo con cariño esos tiempos, la llamada de Mandela a descubrir el propio huerto sigue sonando con fuerza en mis oídos. Me pregunto cómo practicar el cultivo del huerto, con el sentido que le dio Mandela, actualmente. ¿Cómo podrían los que bailan con elefantes adoptar esa idea como un entrenamiento en atención plena?

¿Cuáles son esas prácticas alejadas del mundo, que pueden alimentar, sanar y renovarnos, para el vivir y el amar que todavía tenemos por delante?

Para responder a estas preguntas, tenemos que discernir la diferencia entre un pasatiempo y un huerto Mandela.

Los pasatiempos son un método de evasión, pensados sobre todo para beneficiar a quien los realiza. El cultivo del huerto Mandela puede ser algo que hacemos alejados del mundo, pero con la intención de renovarnos para servir y beneficiar a otros.

En este momento, veo mi escritura como una especie de cultivo del huerto Mandela. Mientras otros juegan, yo me retiro a escribir. Si hay frutos de mi escritura, son compartidos con el mundo. Escribir aquieta mi mente. A veces, cuando otros solo ven una catástrofe, yo puedo establecer contacto con la belleza de la vida. Es creativo y reafirma la vida. Me renueva y forma parte del servicio a los demás.

Lanzo el reto, a los compañeros que bailan con elefantes, de encontrar su propio huerto Mandela. Puede ser un poderoso modo de alimento, sanación y renovación. Probablemente, tu huerto no tendrá el aspecto de un jardín, ni siquiera el de mi escritura. Tienes que hallar tu propia versión. Para mostrar lo radicalmente diferentes que los huertos Mandela pueden ser, comparto contigo otras prácticas de mi pasado.

Cuando era joven, se me ofreció la oportunidad de dirigir una organización destinada a llevar clientes de todas las edades y todas las capacidades a la naturaleza salvaje —generalmente en canoa, a veces con perros de nieve—. Me lancé y acepté esa oportunidad. Al primer grupo lo llamé Las Comunidades del Arca de Winnipeg. Conocía el Arca por los escritos de Jean Vanier y Henri

Nouwen. Leí todo lo que escribieron. Las Comunidades del Arca* son lugares en los que personas discapacitadas y personas sin discapacidades visibles conviven en una comunidad amorosa y sensible. Conocía a mi equipo y tenía que aprender del Arca cómo vivir y amar en comunidad. Así que le ofrecimos al Arca la oportunidad de venir en un viaje en canoa con nosotros. Fue un hermoso entrenamiento en amar, vivir y soltar. Cada año, hacíamos un viaje con el Arca, que a menudo era el momento culminante de nuestro año. Todos éramos renovados en la belleza de la naturaleza salvaje. Fueron tiempos sagrados. Tiempos de huerto Mandela.

A vosotros, que bailáis con elefantes, os animo a descubrir vuestro propio huerto Mandela. Estimulad a otros a buscar el suyo, compartiendo vuestras experiencias. Si queréis, podéis apuntaros a mi grupo de facebook *Elephant Dancers* (www.jaremsawatsky.com/facebook), en el que podéis compartir vuestras prácticas en la danza con elefantes, incluyendo vuestros experimentos en el cultivo del huerto Mandela.

---

* Las Comunidades del Arca es una organización internacional fundada en 1964 y dedicada a la creación y seguimiento de hogares, programas y redes de apoyo destinados principalmente a personas con discapacidades psíquicas.

 # 29

PRACTICAR LA COMPASIÓN HACIA UNO MISMO,

CON TONI BERNHARD

Estando en París, Toni Bernhard contrajo una enfermedad vírica aguda. Nunca se ha recuperado. Los muchos especialistas que ha consultado coinciden en que está enferma, pero no están seguros de qué es lo que funciona mal. Están de acuerdo en que un virus similar al de la gripe ha afectado de algún modo a su sistema inmunitario. Durante veintidós años, antes de enfermar, Toni fue profesora de Derecho en la Universidad de California, en Davis. Durante seis de esos años, fue decana. Durante los últimos quince años ha estado postrada en su cama, prácticamente siempre. Toda la vida de mis hijas, Toni ha estado enferma.

Ella ha sido una inspiración para mí. La primera vez que llegó a mi radar fue un año después, aproximadamente, de que yo mismo entrase en el mundo de la discapacidad a largo plazo. Unos cuantos amigos me habían dicho que escribiese sobre el viaje, pero durante todo un año no tuve ningún interés en ello. Cuando empecé a buscar quién había escrito sobre vivir bien a pesar de la enfermedad, descubrí a Toni. Es autora de tres libros inspiradores:

- *How to Be Sick: A Buddhist-Inspired Guide for the Chronically Ill and Their Caregivers*[*] [Cómo estar enfermo: una guía para los enfermos crónicos y sus cuidadores, inspirada en el budismo].
- *How to Wake Up: A Buddhist-Inspired Guide to Navigating Joy and Sorrow*[*] [Cómo despertar: una guía inspirada en el budismo para navegar por la alegría y la tristeza].
- *Cómo vivir bien con dolor y enfermedades crónicas: una guía mindfulness*.

Aunque hay muchos libros llenos de consejos médicos y muchos para apoyar a los cuidadores, yo había encontrado pocos que estuvieran escritos en primera persona por alguien que había conseguido vivir bien a pesar de padecer una enfermedad importante. Conocer a Toni me inspiró para escribir y compartir mi propio viaje.

Durante la década anterior a enfermar, Toni estudió y practicó los enfoques budistas. De modo que ahora tiene veinticinco años de experiencia. El Spirit

---

[*] No traducida al castellano.

Rock Meditation Center ha sido fundamental para esas prácticas que alimentaban su ser. El centro de retiros de California, de ciento sesenta y seis hectáreas, ha sido un conector importante, al traer los caminos budistas al mundo occidental. Entre los veintisiete profesores de Spirit Rock está el famoso escritor budista Jack Kornfield. Entre el increíble grupo de profesores visitantes están Daniel J. Siegel, Sharon Salzberg, Tara Brach y Rick Hanson. El centro ha recibido la visita del dalái lama, Alice Walker y Thich Nhat Hanh. Toni enseña a través de sus libros y concediendo entrevistas.

Como yo, sabe que es poco probable que pueda curarse. Como yo, ama la vida y quiere vivirla de manera constructiva y compasiva. Como yo, tiene que lidiar con la manera de vivir bien durante décadas de enfermedad crónica.

Supe que tenía mucho que aprender de esta maestra. Así que, sin avisar, me puse en contacto con ella y le pregunté si participaría en una entrevista grabada en vídeo. Para alegría mía, y no sin un elevado coste para su salud, estuvo de acuerdo.

Algunos maestros enseñan desde una embarcación en alta mar. Algunos desde el estrado. Pero Toni enseña desde su cama. Me dijo: «He recibido miles de correos electrónicos de gente que ha leído mis libros. Dicen que lo más difícil es ser compasivo hacia uno mismo. También dicen que es aquello a lo que más les han ayudado mis libros».

Esta es una afirmación sorprendente. Los enfermos crónicos tienen que hacer frente a múltiples problemas de todos los niveles —financieros, relacionales, médicos, sociales...—, pero entre todas esas oleadas de problemas ¡aprender la autocompasión es lo más difícil! ¡Y aprender la autocompasión es posible!

«Todos mis libros incluyen capítulos sobre la compasión hacia uno mismo, porque para mí es lo más importante que puedes cultivar en la vida, estés enfermo o no —me dijo—. Te contaré una historia sobre una de mis maestras budistas. Iba corriendo, porque llegaba tarde. Iba tan deprisa que se le cayó la bebida en el coche. Cuando pasó eso, se dijo a sí misma: «Estúpida, qué idiota que eres. Has derramado la bebida». Si yo estuviera en mi coche con mi marido y se le cayese la bebida, nunca le diría: "Estúpido, qué idiota eres, has derramado la bebida". —Toni se rio, sin apenas poder pronunciar una frase tan absurda. Luego siguió con una voz más calmada—: Pero nos decimos a nosotros mismos cosas así constantemente».

Yo me reí porque comprendo lo que decía. Solía entrar en estado de pánico cuando perdía mi cartera. Ahora sé que la puedo perder en cualquier momento y soy mucho más paciente conmigo mismo. Cuando mi cuñada rayó nuestros dos coches, no me preocupé mucho. Sé que seré el primero en dañar nuestros coches en el futuro. Si quiero ser compasivo conmigo mismo, no puedo juzgar a los demás.

Toni siguió desvelando el significado de la historia: «Mi punto de vista, basado en la observación y en escuchar a otras personas, es que nos juzgamos negativamente debido a condicionamientos culturales y condicionamientos procedentes de quienes nos educaron e influyeron en nuestra vida. Si tuviste un padre que decía: "¡Has derramado la leche! ¡Eres tan idiota!", entonces interiorizarás eso y creerás que eres idiota. Cuando hablo del condicionamiento cultural, me refiero a ese tipo de anuncios en televisión que hacen que nos sintamos defectuosos. Durante los cinco o seis primeros años de mi enfermedad, me culpaba a mí misma. Bueno, no es de extrañar. Pones la televisión y ves anuncios como: "Inscríbete en este gimnasio y nunca enfermarás", "Come esta comida y estarás siempre sano". Así pues, cuando estamos luchando mental o físicamente, tendemos a culparnos a nosotros mismos.

»¿Qué es la compasión hacia uno mismo? *Compasión* se ha convertido en una palabra, algo parecido a lo que ocurre con *mindfulness*, de la que todo el mundo habla tanto que empieza a perder su significado. La compasión no es más que el reconocimiento de que estás sufriendo, y luego ser amable contigo, en lugar de pensar que hay algo malo en ti y culpabilizarte. Hacemos frente a dificultades todos los días. Es algo inherente al hecho de estar vivo. La compasión simplemente te pide ser amable contigo cuando las cosas se ponen feas».

Luego, inclinó la cabeza hacia atrás, como si le costara pensar, y dijo:

«Todavía tengo que encontrar una buena razón para no ser amable conmigo misma. Ahora bien, sé que es fácil decirlo, pero soy afortunada porque en una ocasión tuve esa revelación, y ahora ya no me cuesta ser amable conmigo misma. En otras palabras, cuando me enfado no dirijo el enfado hacia mí misma. Tengo amigos y familiares que son duros consigo mismos constantemente, pero eso no ayuda a nadie ni arregla nada».

Algunas de las cosas más profundas que he aprendido son verdades sencillas que resuenan en mí por quien las dijo. Oír decir al filósofo y humanitario Jean Vanier mientras sonreía: «Dios te ama» resuena porque ha acompañado a muchas personas con discapacidades físicas y mentales por el camino de la montaña rusa en que consiste el hecho de ser humano. Cuando Thich Nhat Hanh dice «cada día camino en el reino de Dios. Mírame» y luego da un paso, sonriendo, resuena en mí porque recorrió los campos de batalla de Vietnam para recoger cuerpos, mientras la guerra estaba todavía en plena violencia, porque criticó su propia tradición religiosa por ser demasiado androcéntrica, demasiado centrada en huir de este mundo. Las palabras de Toni me conmovieron en el mismo sentido. Quien ha estado en cama durante quince años, sin saber si mejoraría o no, dice: «La compasión hacia uno mismo es lo más importante que podemos cultivar en esta vida». Es doblemente impactante, ya que Toni ni siquiera cree en el yo como entidad independiente.

La compasión hacia nosotros mismos no es un remedio para reparar de manera mágica nuestro sufrimiento, pues muchas cosas en la vida no pueden cambiarse. Es, más bien, parte del sendero de sanación y tiene el potencial de liberarnos del sufrimiento acerca del sufrimiento.

Toni no está interesada en la compasión como idea. Lo que le interesa es su práctica diaria, como un modo de soltar el sufrimiento mental y aumentar la felicidad. Recomiendo ardientemente sus libros, justamente por eso: ofrecen prácticas concretas, cotidianas, para vivir de un modo más sanador, estés enfermo o no.

En mi grabación de vídeo, Toni y yo analizamos la Primera Noble Verdad, la enseñanza del buda sobre la transitoriedad, y cómo hacer frente a la tristeza. Para obtener una copia gratuita, regístrate en mi *Readers Group*, y te la mandaré (www.jaremsawatsky.com/more-healing).

30

ÚLTIMAS PALABRAS

Uno de los secretos para prosperar en el arte de bailar con elefantes es estructurar cada día para practicar los distintos pasos. Actualmente, esta es mi rutina:

Programa de la mañana

- Cultivar el asombro por estar viviendo otro día más.
- Comer como un buda delgado.
- Paseo y caída consciente con el perro, siendo amable con los demás.
- Cultivar el huerto Mandela como forma de alimento y sanación.

Programa de la tarde

- Aprender algo nuevo de la vida.
- Realizar algunas tareas del hogar, sonriendo.
- Comer como un buda gordo —celebrar con amigos y familiares—.
- Amar a quienes me rodean.
- Prepararme para tener un sueño reparador.

Mi despacho de casa es un escritorio en la habitación del tercer piso, cuya vista da a un parque. En la pared que hay junto a mi escritorio hay una pizarra en la que he dibujado una gran flor de cinco pétalos. Cada pétalo es uno de los cinco entrenamientos de mindfulness, y cada uno es una sección de este libro:

- Reverencia a la vida (primera parte): ¿cómo seguimos valorando la vida, incluso en medio de una enfermedad terminal?
- Felicidad verdadera (segunda parte): ¿qué hábitos podemos cultivar para aportar felicidad a los que nos rodean y a nosotros mismos?
- Amor verdadero (tercera parte): ¿cómo proteger y cuidar a quienes están cerca de nosotros?
- Habla amorosa y escucha profunda (cuarta parte): ¿cómo pueden emplearse las palabras y el silencio para sanar en este viaje?
- Alimentación y sanación (quinta parte): ¿cómo evitar las toxinas y consumir de manera consciente?

Estas ideas han constituido la inspiración para la estructura de este libro. Representarlas como una flor me recuerda que este trabajo de aprender a bailar con elefantes es una obra de belleza. Espero que muchos de vosotros adoptéis el arte de bailar con elefantes y superéis mis conocimientos de principiante en estas cuestiones. Mi exploración en este arte está todavía incompleta. Hay mucho que aprender y mucho que desaprender. Aunque olvido muchas cosas, las que son fundamentales permanecen: amor, cuidado y sanación. La más importante de todas es el amor.

Hay una historia acerca de Juan, el discípulo de Jesús, que dice que en sus últimos años, cuando hablaba, tan solo decía una palabra: amor, amor, amor. De manera similar, dos días antes de que Gandhi fuese asesinado, dijo: «Si muero por el disparo de un loco, tengo que hacerlo sonriendo. No ha de haber rabia en mí. Dios tiene que estar en mi corazón y en mis labios». Me parece que nosotros, que bailamos con elefantes, podríamos inspirarnos y ponernos a prueba preguntándonos: cuando muera, ¿podré hacerlo sonriendo? ¿Podré hacerlo sin rabia? ¿Habrá amor en mi corazón y en mis labios?

Si puedo, intentaré seguir escribiendo y compartiendo más acerca de un modo más constructivo de hacer frente a la vida, la enfermedad y la muerte. Pero, en algún momento, perderé la palabra. Mi mayor esperanza es que mi última palabra sea *amor*.

AGRADECIMIENTOS

Para mí, escribir es una obra de amor y forma parte del arte de cultivar el huerto Mandela. Pero pulir mi texto y hacerlo legible ha requerido mucho trabajo. Un trabajo que no he podido llevar a cabo yo solo. Así que quiero reconocer, con profunda gratitud, a la comunidad de personas increíbles que me han ayudado a hacer que este libro sea algo más que una posibilidad. Mis amigos me han animado a escribir y a llevar un blog de mi experiencia con la enfermedad de Huntington. Cuando dejé de trabajar, pensé que era una mala idea y no hice nada durante un año. Luego, empecé a darme cuenta de la sabiduría que había en esa sugerencia y comencé el blog *Dancing With Elephants: A Beginners Guide to Losing Your Mind* (www.jaremsawatsky.com/dancing-blog).

Este blog fue un trampolín para este libro. A los miles de personas que leéis mi blog y a quienes estáis en mi fantástico Readers Group, quiero deciros que vuestro interés estimuló el mío. Sin vuestra participación, seguramente no habría terminado este libro. Gracias.

A la detallista, sabia y compasiva Valerie Smith, que fue mi redactora, gracias por hacer que este proyecto fluya y brille.

Al meticuloso y generoso Dawn Raffel, corrector voluntario, me siento profundamente honrado.

A mi equipo de lectores de las pruebas —Kerry Callan, Irene Estabrooks, Mona Lacey, Nathan Reimer, Andrew Sawatsky, Beth Sawatsky, Jamie Burton, Hannah Sawatsky, Rhona Sawatsky y Craig Terlson—, gracias por hacer posible que la gente se centre en el contenido del libro, más que en mis errores.

Al diseñador de la inspirada portada*, Carl, gracias por trabajar tan enérgicamente en este proyecto. A mi cuñada, Beth Sawatsky, que paciente y creativamente hizo la foto del autor.

A mi articulado equipo de lectores antes de la aparición del libro, vuestra generosidad de espíritu es lo que le ha dado vida.

A Rhona, Sara y Koila, gracias por apoyarme —de muchas maneras— para que pudiera continuar enfocado, según mi visión en túnel, en una única tarea: escribir.

A mis lectores, que sois la razón de que escribiese este libro. Gracias por implicaros y compartirlo.

Mi más profunda gratitud a cada uno de vosotros.

---

* Portada de la edición original en inglés.

Sobre el autor

Jarem Sawatsky es conocido internacionalmente por su obra como escritor, profesor y constructor de la paz. Su objetivo ha sido acercar un mindfulness comprometido a aquellos que se interesan en el bienestar, la resiliencia y la transformación. Es profesor emérito de Peace and Conflict Transformation Studies en la Universidad Menonita de Canadá y autor de varios libros y artículos sobre justicia restaurativa y construcción de la paz. Desde que le diagnosticaron la enfermedad de Huntington, se ha dedicado al blog *Dancing With*

Elephants, explorando cómo las herramientas y conceptos utilizados en mediación y en mindfulness pueden
ayudar a quienes padecen alguna enfermedad crónica, demencia o se hallan en proceso de envejecimiento
(www.jaremsawatsky.com/dancing-blog).

Vive en Winnipeg (Canadá), con su esposa, sus dos
hijas gemelas y su perro golden retriever.

Si quieres contactar con él puedes hacerlo en:

Sitio web: www.jaremsawatsky.com
Readers Group: www.jaremsawatsky.com/readers